蓝光

BRC

进化论

四川蓝光发展股份有限公司

编著

西南财经大学出版社

中国·成都

图书在版编目(CIP)数据

蓝光进化论/四川蓝光发展股份有限公司编著.—成都:西南财经大学出版社,2018.12

ISBN 978-7-5504-3758-6

Ⅰ.①蓝… Ⅱ.①四… Ⅲ.①企业集团—企业管理—经验—四川 Ⅳ.①F279.244

中国版本图书馆 CIP 数据核字(2018)第 232157 号

蓝光进化论

LANGUANG JINHUA LUN

四川蓝光发展股份有限公司 编著

总 策 划:李玉斗
策划编辑:王正好
责任编辑:王正好
助理编辑:周晓琬
封面设计:杨红鹰
责任印制:朱曼丽

出版发行	西南财经大学出版社(四川省成都市光华村街 55 号)
网 址	http://www.bookcj.com
电子邮件	bookcj@foxmail.com
邮政编码	610074
电 话	028-87352211　87352368
照 排	四川胜翔数码印务设计有限公司
印 刷	四川新财印务有限公司
成品尺寸	142mm×210mm
印 张	6.75
字 数	144 千字
版 次	2018 年 12 月第 1 版
印 次	2018 年 12 月第 1 次印刷
书 号	ISBN 978-7-5504-3758-6
定 价	58.00 元

前　言
寻找高质量增长的企业样本

中国经济进入新时代，一个高质量发展的新时代，不只是一个趋势判断，更是一个正在发生的现实。

在这样一个新时代，"美好生活需要"成为各行各业的新定位，转型与创新则是每个行业正在面临的新课题。

作为支撑起中国经济高速发展的支柱性产业之一，房地产行业感受最深。为应对新时代的经济趋势、宏观政策和市场需求变化，各房地产企业纷纷以"美好生活服务商""美好生活综合运营商"等作为企业新的发展定位，在多个发展方向上进行着调整和变革。

所谓"物竞天择，适者生存"。这是一个市场竞争的过程，也是一个自我进化的过程。找到这个行业里正在发生积极基因突变和代表未来行业发展方向的样本，可以为生态链中的参与者提供借鉴和参考，也将为行业发展提供重要的启发和思考价值。

　　《蓝光①进化论》之所以出版，即希望通过一个追求高质量增长的企业样本，来洞悉在中国经济新时代房地产行业大变局的真正秘密和内在生长逻辑。

　　第一章"样本"，即"进化样本"。中国经济从"高增长"转向"高质量"，房地产行业面临大变局。在此背景下，我们需要寻找一个高质量增长的企业样本。第一节"探路高质量"，回顾了 2015—2018 年，中国房地产市场经历的这场波澜壮阔的"牛市"行情。这个过程伴随着房地产企业对高质量发展的探索之旅。显然，在中国经济新时代，高质量增长已经成为房地产企业唯一的生存法则。第二节"寻找行业进化样本"，我们以蓝光为样本，发现在新的时代命题下，房地产企业需要完成从单纯的居住产品供应商，向美好生活服务商、运营商的身份进化，需要践行快、稳、准的"知行合一"方法论。这为房地产企业提供了一套切实可行的转型逻辑参考。

　　第二章"策源"，即"进化策源"。企业的进化，需要顺应社会发展趋势，追随行业市场环境变化，但终归源于企业自省和重塑的战略选择。"人居蓝光+生命蓝光"双擎驱动的战略顶层设计何以诞生？低谷之际何以敢提转型改善？转型之时，横空出世的为何是文旅"新物种"？"同心多元化产业生态链"有着怎样的来龙去脉？第一节"四问趋势引领者"对这些问题的回答，可谓蓝光进化的战略源头。第二节"蓝光领导者说"则系统介绍蓝光战略，以新经济逻辑和互联网思维，构建"同心多元化产业生态链"，坚持规模与利润并重，实现高质量增长。

---

　　①　四川蓝光发展股份有限公司，简称蓝光发展，本书中简称蓝光。

　　第三章"路径"，即"进化路径"。在房地产行业大变局背景下，蓝光选择了一条什么样的进化路径，去把握机遇，应对挑战？其中包括蓝光的产品、投资和营销三个方面的进化路径。第一节"产品的三大关键词"，蓝光以"新样本""族谱化""可持续性"三个关键词，应对"对美好生活的向往"，以需求倒推产品，最终凝聚成市场高度认可的产品品牌。第二节"高价值的投资秘密"，讲述蓝光在推进全国化布局过程中，如何做到规模与利润并重，靠"时间差"准确收获城市化进程的红利。第三节"营销的潮流风口"，则显示当房地产企业营销"硬推"时代已成过去，蓝光化"营销"于无形，占据最新的"潮流风口"，为产品热销迅速打开切口。

　　第四章"版图"，即"进化版图"。蓝光沿着高质量增长的进化路径，必然带来产业版图的扩大和重构。本章以四个具有代表性的产业进化，勾勒蓝光在"人居蓝光+生命蓝光"双擎驱动下的产业版图。从第一节"文旅的弯道超车"可见，当文旅产业的拐点来临，蓝光不仅先声夺人，更希望在行业的同质化竞争中，走出一条不一样的道路。从第二节"两只手卡位现代服务业"可见，步入存量房时代，蓝光如何一手做乘法"换芯"，一手做加法"焕新"，抢占现代服务业市场，加快全国布局，迅速崛起。从第三节"拥抱新经济的两大思维"可见，在新经济时代，蓝光的智能化思维和互联网化思维，不是凌空蹈虚，而是在实体产业基础上，寻找高质量发展的答案。从第四节"生命黑科技的实业基因"可见，作为"生命蓝光"的战略分支，"3D生物打印"是黑科技，更烙下企业创始人实业报国的企业家精神印记。

　　第五章"动力"，即"进化动力"。蓝光把"人力资源是推进公司发展的第一生产力"作为公司重要战略，以强大有力的人才支撑，构建起推动公司高质量增长的核动力机制。第一节"八个字的人才哲学"，从招贤纳士、选贤任能、人尽其才等环节，介绍"人才为王，人在事先"如何得到坚决落实。"匠人计划""盘古计划""光之子计划"三大人才计划层层推进，形成威力巨大的"组合拳"。第二节"让人人穿上黄金战靴"，体现了蓝光对人才的尊重和价值兑现。处于目前行业最高水平的股权激励，最大化激发管理层和核心骨干的主人翁意识。"蓝色双享"的合伙人跟投机制，最大限度地激发全员战斗力，让人人都穿上"黄金战靴"。

　　第六章"价值"，即"进化价值"。蓝光的企业价值，不只是规模和利润，不只是创造多少财富和收入，还有更多的社会责任、家国情怀、品牌形象，以及企业员工发自内心的认同、回忆和情感等。第一节"社会责任启示录"，盘点了蓝光长期以来的公益慈善事业：如何体现"但行好事，不问前程"的行动态度；如何彰显"慈生我心，善行天下"的公益理念；如何成为房地产行业中的一股"清流"和滋润社会的一抹"暖蓝"。第二节"献策国计民生"，整理企业创始人最近两年，先后作为全国政协委员和全国人大代表，为国计民生建言献策，并付诸企业的实际行动。第三节"品牌新主张的理由"，介绍蓝光的品牌新主张"更懂生活更懂你"，这七个字如何表达对新时代的理解，对人们"美好生活向往"给出回应。第四节"回蓝光，致青春"，则从一场"欢迎回家"的聚会，让人看到蓝光有不负芳华的奋斗青春，有共同创造的辉煌历史，更有所有终极奋斗者和阳光正道者心之所向的家园。这诸多价值的汇聚，才是蓝光进化价值的全部。

目 录
Contents

第 1 章 样本

从"高增长"转向"高质量"，这是中国经济从上半场进入下半场的大变局。与此相应，中国城镇化进程也进入新阶段，"美好生活需要"成为热词。

房地产企业的进化，是时代必然，是大势所趋，更是自身发展的要求。一方面要规模，另一方面要利润，刚需时代的发展模式早已是过眼云烟，改善型时代的进化逻辑，要求创新式转型，要求高质量发展。

在新的时代命题下，房地产企业需要完成从单纯的居住产品供应商，向美好生活服务商、运营商的身份进化，需要践行快、稳、准的"知行合一"方法论。

我们需要寻找这样一个高质量增长的企业进化样本。

第一节 ｜ 探路高质量

▲ 蓝光以"高质量增长"为目标指引

2018 年 7 月 31 日，中共中央政治局召开会议，分析研究当前经济形势，部署下半年经济工作。会议要求，下决心解决好房地产市场问题，坚持因城施策，促进供求平衡，合理引导预期，整治市场秩序，坚决遏制房价上涨。加快建立促进房地产市场平稳健康发展长效机制。

"坚决遏制房价上涨"，显示房地产调控政策并没有放松的迹象。

信号已经越来越清晰：中国房地产行业进入新时代，一个高质量发展的新时代。高质量增长，才是新时代房地产企业唯一的生存法则。

2015—2018 年，中国房地产市场经历了一段波澜壮阔的"牛市"行情，而同时也伴随着房地产企业对高质量发展的探索之旅。先行者需要的不仅是对趋势的顺应和对行情的把控，更需要先人一步的智慧和勇气。

而回过头来看，理清这几年房地产行业发展的来龙去脉，也许才能对此有更深入清晰的理解。

"新战区"和"新战法"

2014 年 11 月 11 日，对蓝光地产来说，是个难忘的日子。

这一天，在成都的一宗土地拍卖上，蓝光最终没有拼过龙湖①。而在此前的两年时间里，蓝光地产在成都的土地市场上可以说是所向披靡，尤其是以"COCO 系"产品走红全国之

----

① 龙湖集团控股有限公司，本书中简称龙湖。

后，只要是蓝光参与的土地拍卖，基本上土地都不会旁落他人之手。媒体评价那时的蓝光，说它信奉的是"天下武功，唯快不破"法则。

2014 年 11 月 11 日之后，蓝光在成都土地市场上变得不如从前那样活跃，不少做土地投资的同行甚至感到惊讶："一宗土地拍卖我们要假想很多种蓝光的出价方案，并研究对策，但是到拍卖的那天，发现蓝光竟然连牌都不举了。有的热点地块的土地拍卖蓝光甚至连名都没有报！"

消息陆续传来：蓝光在安徽合肥拿了一宗 230 亩（1 亩 ≈ 0.067 公顷）的地块；此后不久，蓝光又在江西南昌拿了个标志地块；再之后不久，江苏苏州的一宗高价地块也被蓝光拿下……

后来回忆起这种变化时，蓝光的投资负责人表达得很清晰：蓝光实行的是全国土地投资"一盘棋"，凡是经前期考察判定为可以进入的城市，一旦有符合蓝光拿地条件的土地资源信息，全部都要汇总到蓝光总部，在总部进行拉通排序，根据排序和当时蓝光的资金状况来决定拿哪个城市的哪块地。

在这种指导思想之下，那一段时期，蓝光新获取的土地项目，基本都集中在华中、华东和津京地区。

随后，蓝光将其当时的战略布局总结为：东进北上，聚焦"高价值"区域。自 2015 年开始，蓝光在华中、华东地区开辟了新的"主力战场"，后来发展为"雍锦系"的高端改善型产品系，也是由合肥地王项目"雍锦半岛"打响的头炮。

回头来看，蓝光的全国化布局正好契合了新一轮房地产市场的发展趋势。

2013—2015 年是房地产市场低迷期，就像春天到来之前必经的苦寒时节一样。2014 年，全国各地的土地市场流拍频现，房地产企业对市场的信心不足，时不时有媒体报道有房地产企业宣布破产或被兼并重组的消息。那一轮市场下行周期，带给中国房地产市场发展最大的价值之一，就是对房地产企业未来以什么样的方式来抵抗市场风险的拷问。

但情况在 2014 年末发生了改变。这年 9 月 30 日，央行发布《中国人民银行中国银行业监督管理委员会关于进一步做好住房金融服务工作的通知》（以下简称《通知》），该《通知》对首套房再启"认贷不认房"界定标准，贷款利率下限也重回 2009 年水平，即"930 新政"。随后，新房市场随着入市项目增多，成交量也出现回升。

2015 年是新一轮房价迅速上涨的起势之年。李克强总理在 2015 年政府工作报告中，给未来相当长一段时期房地产市场的发展定下了基调：稳定住房消费，坚持分类指导，支持居民自住和改善性住房需求。

此后不久，各地针对房地产市场的调控政策就相继出台，其中最具有普遍性的一个做法是取消土地出让时的"70/90 政策①"。

取消"70/90 政策"，无异于大大解放了房地产企业的"生产力"。过去，各房地产企业挖空心思将 90 平方米以下的

———————

① 70/90 政策，是指房地产项目修建的住宅产品中 90 平方米以下的产品要占到 70% 以上的政策要求。

产品，做成三房甚至利用"灰空间"来做成四房产品，正是受限于政策不得已而为之。这样的产品便于控制总价，而"多一房"对大多数刚需客户群体又具有较大的杀伤力，因此在全国"遍地开花"。但这样的产品也有非常明显的缺点：每个房间的面积并不大，使用起来有诸多局限性，当家庭人口发生变化时，就不得不面临换房的需求。

"枷锁"的解除，让房地产企业感受到了"春天"的气息。2015 年是中国房地产市场由"刚需为主"向"改善为主"转型的关键时期。蓝光瞄准了整体经济发展程度较高、消费能力较强的东部城市，挖掘投资的高溢价，找到了全新的战区，也采取了新的战法。

总之，改善市场的崛起，既有房地产调控周期的因素，也有分城施策调控原则出台的因素，更有整体宏观经济和社会需求发生变化的原因。在这种大背景之下，是否具有率先发现趋势、引领趋势的能力，成为考量房地产企业在新的市场竞争环境中生存和发展能力的一个重要标准。

"白银时代"来临

中国实施商品房制度三十余年，2016—2017 年是为数不多的所有买房人、房地产企业都会用"疯狂"去形容的年份。而在 2017 年，"抽签摇号"不再是买房人独享的待遇，也轮到房地产企业来体验一番。

2017 年 5 月 22 日，杭州多家媒体以图文并茂的形式，记录下了当天发生在嘉兴的一场土地拍卖。

这场原定于 2017 年 5 月 21 日在嘉兴市资源要素交易中心有限公司举行的土地竞买活动，因为报名参加竞买的企业太多，而不得不临时将拍卖时间改到了第二天，拍卖活动的举办地，则改到了嘉兴大剧院。当天，嘉兴一共有 8 宗土地将以拍卖的方式出让，参加竞买的企业有 750 家左右。为了避免因激烈竞争导致土地成交价格涨幅过大，维持房地产市场平稳健康运行，当地政府决定对这 8 宗出让土地采用"最高限价熔断+竞争 30 日内现金缴纳土地出让金比例+抽签摇号"的方式来决定土地的最终归属。

这样的一幕其实并非只在嘉兴上演，南京、合肥、成都等多个城市，均出现过类似的情况。

对这样的"疯狂"，不同房地产企业有不同的判断。2014 年 5 月 29 日，万科①总裁郁亮在万科网上投资者交流会上，提出了中国房地产行业进入"白银时代"的论断。此后，在不同场合，郁亮又对"白银时代"的房地产市场特征进行了各种阐述，但核心思想是：房地产企业过去"胆大为王"、人人皆可赚钱且越胆大越赚钱的时代结束了。

从某种程度上说，一向作风稳健、关注企业现金流健康、提前预判行业大周期的万科，虽然足够清醒，但这一次也许犯了过于保守的错误。2015 年，万科在土地市场上的投入并不大，虽然当年的销售业绩仍然排在第一位，但从 2016 年至今，万科就再也没有站上房地产企业销售榜第一名的位置，而且与

① 万科企业股份有限公司，本书中简称万科。

头名之间的差距，还越来越大。

作为曾经的行业"老大哥"，万科的一举一动，皆被房地产同行看在眼里。从某种程度上说，多数房地产企业的战略方向转变，都是在效仿万科的做法，比如万科推行的"企业合伙人制度""项目跟投制度"等。

而在万科让出房地产企业全年销售排行榜第一名位置的2016年，关于行业未来的趋势和企业的活法，也有了更多的辩论。大多数房地产企业的共识是：越往后走，房地产企业的这份年度销售排行榜上划分梯队的"百亿门槛""千亿门槛"的标准越是会迅速提高，而在"白银时代"，房地产企业要想很好地活下去，就必须首先要壮大自己的规模，迈过"百亿门槛"，进入到"千亿俱乐部"。

是快一时，还是夯实企业快速发展的根基？是在房地产开发这个简单的商业模式中一条道走到黑，还是构建企业多元化的竞争力？

在这样一个"白银时代"，企业之间的并购事件频发，资本举牌上市房地产企业的事件频发，在一片市场向好的大环境中突然因资金链断裂而破产或被兼并的事件频发……无论这些事件算不算是"白银时代"特征的表现，但毫无疑问，房地产行业的"寡头时代"正在到来。

2015—2018年，在整体房地产市场由触底反弹走向新的发展高峰过程中，"多元化"是很多房地产企业具有共性的做法。这个做法的"蔚然成风"，自然与房地产企业面临越来越高的融资成本有关。

2015 年下半年开始，房价的快速上涨和住宅销售的火爆行情，让房地产企业迅速回笼了大量资金。而在 2015 年 6 月中国 A 股"股灾"之后，大量从股市出逃的资金急需找到出路，这些资金有相当大的比例涌入了房地产市场，在住宅销售市场的显著表现即是各种"炒房团"对热点城市的"扫荡"。而更多的机构资金、险资资金，则通过为房地产企业配资拿地的方式进入了土地市场，一时间全国各地"地王"频现。

2016 年 7 月，证监会在保荐机构专题会议上，明令禁止房地产企业通过再融资的途径拿地，关闭了公开资本市场资金流向房地产企业配资买地的通道。此后，证监会、银监会等又多次对房地产企业的融资监管做出政策升级，包括信托资金流向房地产企业也受到了严格监管。

然而被房地产企业集体"炒高"的地价，一时半会儿肯定是不会降下来的，而快速下降的可售住宅产品库存，又让房地产企业不得不将眼光聚焦于土地市场。在现在市场行情下的全国房地产投发圈，有这样的"金句"开始流传："不拿地是等死，拿地是找死。"

"找死"似乎比"等死"好，但对获取土地的成本和风险的控制，各房地产企业越来越重视了。

房地产企业重兵布局文旅板块就是一个典型。近两三年里，绿地①、华侨城②、融创③、蓝光等大型上市房地产企业相

---

① 绿地控股集团股份有限公司，本书中简称绿地。
② 华侨城集团有限公司，本书中简称华侨城。
③ 融创中国控股有限公司，本书中简称融创。

继发招，而在四川本土，如金杯①、陇海②等更是在川内多个二三圈层城市频繁出手拿地，产品全部瞄准文化旅游这个热点。

恒大③除房地产主业之外，在粮食、农业、体育、文旅、金融等多个领域都进行了迅速的拓展布局尝试，其中部分新进入的板块，又在试水之后快速地全面撤出。

万科的"八爪鱼"、龙湖的"四大主航道业务"、蓝光的"同心多元化产业布局"，与恒大的"多元化战略"，都有异曲同工之处。他们代表着在 2015—2018 年这个市场周期中，房地产企业于趋势之中谋求变化、追求高质量增长的一种自我进化的路径选择。

"抢人大战"的玄机

相比 2018 年中国各大城市此起彼伏的"抢人大战"，中国房地产市场的"抢人大战"早就拉开了阵势。

2014 年 9 月，在夏季"达沃斯论坛"上，李克强总理首次提出"大众创业，万众创新"。这一提法迅速成为让中国年轻一代精神振奋的热词，更激发了无数职业经理人和企事业员工以"创业者"的全新身份和姿态，去追求和实现个人更大的梦想。

---

① 四川金杯房地产集团有限公司，本书中简称金杯。
② 成都陇海企业管理集团有限公司，本书中简称陇海。
③ 中国恒大集团，本书中简称恒大。

在 2015 年政府工作报告中，李克强总理说："让人们在创造财富的过程中，更好地实现精神追求和自身价值。"

房地产行业一度被大众视为高收入行业，尤其是任职于知名房地产企业的高级职业经理人，超高的年薪让其中的大多数人，比其他行业的从业者更早地实现了个人财务自由。

在"大众创业，万众创新"的号召和鼓舞之下，越来越多的房地产职业经理人迈出了创业的第一步。有的彻底离开了房地产行业，有的虽仍留在房地产这个大行业中，但其创业所开展的新业务，与传统房地产业务有了较大的差异。

"我认为这是中国社会价值观转型的开始。大众创业，靠智慧创造财富，以市场的力量塑造新的国家精神。这是改革开放以来正确的国策，也是对国家命运和国家前途有重大战略意义的举措。"2015 年 3 月 8 日，万科高级副总裁、北京区域本部首席执行官、北京公司董事长毛大庆在个人微信公众号上，发布了这封激情澎湃的辞职信，随即在整个房地产行业引起不小的震动。毛大庆随后宣布投身联合办公领域。

3 个月之后，前万科执行副总裁刘爱明也宣布离职创业，创办中城新产业控股有限公司，重仓深圳，主攻产业地产开发和运营。

事实上，自从郁亮提出"白银时代"的论断开始，房地产高级职业经理人对未来行业发展的判断就发出了不同的声音，在"大众创业，万众创新"的精神鼓舞下，大批资深房地产人开始离开房地产行业，进军到新的发展领域。2015—2018 年，房地产行业进入上行周期，但大批管理经验丰富、个人能力突出的房地产高级职业经理人，却相继离开供职的公司，开启创业模式。这也令整个房地产行业在此期间对人才储备需求变得空前急迫，行业的人才缺口空前巨大。

这时候，"抢人才"的能力在很大程度上决定了企业在新的竞争格局中能够走多快、走多远。越来越多的房地产企业开始效仿万科的"事业合伙人制度"和"项目跟投制度"，采取股权激励的方式，与高级职业经理人分享企业发展的红利，这也成为更多上市房地产企业笼络人心、锁定关键岗位关键人才的一种重要手段。

2018 年 2 月，在首期股权激励如约兑现企业利润指标并顺利解锁之后，蓝光推出了第二期股权激励计划。这一次，蓝光为 23 名核心高管合计授予了相当于蓝光总股本 6% 的股票期权，这一占比也远超同行企业。

除了股权激励，项目跟投也是房地产企业激励企业核心员工、凝聚团队战斗力、提升员工主人翁意识、更大限度分享企业的项目投资利润的一种重要方式。万科、碧桂园[①]、蓝光等较早推行项目跟投制度的房地产企业，项目跟投制度体系已经构建得非常完善，企业核心高管由此获得的回报也非常丰厚。

房地产企业在留住核心管理层、高级职业经理人方面，正变得越来越大方，也越来越聪明。这背后的原因，正在于企业高质量发展的内在要求。

---

① 碧桂园控股有限公司，本书中简称碧桂园。

美好生活的迭代

　　腾讯①掌门人马化腾说，腾讯的渐进式创新，核心就是"小步快跑，试错迭代"。这个理念对新时期的房地产市场来说，也很适用。

　　"多元化"是 2015 年以来，追求规模化发展的房地产企业，在高速奔跑的过程中最有价值的思考和发现之一。房地产"寡头时代"不仅仅意味着行业集中度的提高，更意味着利润的透明化。无论是抵御房地产行业发展周期风险，还是企业寻找新的利润增长点实现"弯道超车"，尝试占领传统业务之外的新领域，都是当下应该做的事情。

　　越来越多的房地产企业，正在想方设法地淡化自己的"房地产开发商"色彩，而向新的业务领域转型。房地产企业迅速地接受了互联网思维的熏陶，"小步快跑，试错迭代"的方式是共同的选择。

　　"物业服务""互联网+""文旅地产""特色小镇"等题材被越来越多的房地产企业拿来尝试，而且速度越来越快。有的房地产企业在半年内完成尝试又决定退出某一发展领域，有的房地产企业在短短数月的尝试之后，就找到了新业务的盈利模式，并预判到了新业务发展的前景和市场空间，并将其作为新的利润增长点。

---

　　①　深圳市腾讯计算机系统有限公司，本书中简称腾讯。

因此，在 2016 年，蓝光宣布成立蓝光文旅①，正式进军文旅产业，这被作为"人居蓝光"的核心基础产业。围绕"同心多元化产业生态链"方针，蓝光以文旅为战略导向，以地产金融和生命科技为本，持续深耕互联网金融、现代服务业、生命科技、生态、商业、建筑等领域，各大产业协同发展。

可以说，尝新的速度和能力，决定了企业在新业务领域的行业地位和影响力，更决定了企业高质量发展体系的构建是否能够快速完成。在高质量发展路径的探索中，尝试新鲜事物的能力、决策的速度等，都将成为关键的因素。而只有掌控好这些因素，企业才能真正实现发展的全面提速，才能应对高质量发展环境下的激烈竞争。

党的十九大报告提出：把人民对美好生活的向往作为奋斗目标。正是这样一个关于新时代的论断，深刻地影响着中国房地产行业的发展方向。

"美好生活"成为各行各业中有着政治敏锐性和远大抱负企业的最新发展愿景。房地产企业也不例外，以多元化服务，搭建美好的生活场景，用连接创造新的生态和实现产业闭环，满足人们对美好生活的向往，无疑充满着正能量。

一夜之间，各房地产企业将自己的企业理念更换为"美好生活服务商、运营商"。在这个集体动作之下，房地产企业对自身在新时代高质量转型发展的思考和探索，已然开启了新的篇章。

---

　　①　四川蓝光文化旅游投资有限公司，本书中简称蓝光文旅。

2018 年 6 月 22 日，蓝光发布品牌新主张"更懂生活更懂你"，这非常准确地洞察了新时代的行业本质。

在中国经济高质量发展的新时代，房地产行业需要做出新的选择。

第二节 | 寻找行业进化样本

▲ 蓝光坚持规模与利润并重

经济大变局，已然发生。

2015 年，中国 GDP 增速 25 年来首次回落至 7% 以下。同年，中国明确提出"双中高"发展目标，即中国经济长期保持中高速增长，迈向中高端水平。

随着这一关键经济指标的转变，中国经济发展进入了从聚焦"高增长"到聚焦"高质量"的转型发展期。

经济大变局带来行业大变局，每个行业甚至每个企业面临的转型命题，已然迫切。房地产企业更是如此。

行业之变
以不同方式寻找未来的"安全感"

经济大变局之下的中国房地产业，有两个关键词：一是规模；二是速度。

2017 年，三大龙头房地产企业年度销售业绩均突破 5 000 亿元大关，全年共有 17 家房地产企业业绩突破千亿元。预计到 2020 年时，年销售额突破千亿元的房地产企业大概率将超过 30 家。此外，2017 年，排名前 100 位的房地产企业的合计市场占比历史性地突破 50%，市场份额加速集中到少数房地产企业手中。

对"规模化""高周转"的追求，几乎是所有大型房地产企业的"规定动作"。但在发展方式转型的大势下，这种对规模和周转速度的追求，不过是房地产企业针对未来发展充满不确定性和寻找生存"安全感"的方式之一。

越来越多的大型房地产企业，一方面收获着每年销售业绩100%以上的增长速度，另一方面不得不焦虑，在"面粉贵过面包"成为常态的市场中，下一顿晚餐在哪里。

是的，那些业绩增长速度快，在销售额的年度榜单中迅速爬升的企业，都成了其他同行研究的对象。但高周转和标准化并非唯一出路。在高发展速度的背后，是矛盾和风险的不断累积。

何况，"美好生活需要"与"不平衡不充分发展"之间的矛盾，在房地产行业中的显著表现之一，即一贯追求增长速度、追求企业规模和追求标准化，与人们对住宅产品更精细化和更个性化的需求之间的错位。

在速度和规模之外，房地产企业积极地尝试跨界合作、业务转型和合纵连横，尤其在最近两三年的房地产行业里，越来越成为高频事件，这同样是房地产企业寻找"安全感"的表现。

企业之悟
"创新式转型"和"高质量增长"

经济发展风向的转变，令诸多房地产企业措手不及，分化也就由此出现：有仍然以传统模式生存的保守者；有以规模、速度为大的激进者；也有寻求新兴领域的创新者。

规模与速度仍是当前多数房地产企业的选择。碧桂园将2018年的销售目标锚定在 7 000 亿元，而恒大早就提出了到

2020 年成为"万亿企业"的目标。销售目标的迅速提高，对房地产企业的土地储备能力和速度提出了越来越高的要求。融创内部也曾有"2018 年是下乡年"的说法，在核心城市地段抢地越来越难的市场环境下，只能向三四线城市延伸战线。

规模化这条路径，虽可缓一时之焦虑，积聚眼前的资源与财富，但抵达抛物线顶端之后，又该如何可持续生存？百强榜单上的每个房地产企业无不在深入思考。

当经济发展的首要诉求，已从"高增长"转向"高质量"时，房地产行业不仅要实现"房住不炒"，还要"满足人们美好生活需要"。摆在房地产企业面前的时代变化与阵痛，其实已经为自身未来的选择给出了方向：把握社会发展矛盾的变化和时代需求的转型要求，寻找自身的创新式转型之路，踩着经济向高质量发展的节奏，实现企业的高质量增长。

什么是新的时代需求？是"互联网""智能""文旅"等"美好生活"的内容与服务。什么是高质量增长？是提高产品质量和生产效率，并非一味求"大"，更要向"强"迈进。

推出"中国原创文旅 IP"的蓝光，不仅在企业组织架构上将文旅板块独立出来，专门成立蓝光文旅，而且还迅速地构建起更为多元的、有利于实现产业闭环的战略发展体系。

生命健康、文旅、教育、互联网、智能等多元化的产业布局，不断增强了抗风险能力，还形成了新的业绩增长点，使得蓝光逐步摘下了房地产企业的单一标签，转型成为一家从"人居"到"生命"，提供创新解决方案的综合型企业。

进化之势
快、稳、准的"知行合一"方法论

在新的发展命题下，房地产企业需要完成从单纯的居住产品供应商，向美好生活服务商、运营商的身份进化。

与简单的转型不同，这种进化是基因内核稳固前提下的自我生长。这时候，决定企业在进化过程中是被淘汰还是变得越来越好的，是企业的成长性和应变能力，而不只是企业的规模体量，体量太大反而可能成为进化过程中的负担。

以往，房地产市场的发展有着非常明显的周期性。当市场行情向好、赚钱难度较低时，大量的非房地产企业进入，包括能源、化工、矿产、保险、食品等行业的企业，它们纷纷买地新增房地产开发业务；而当房地产行业不景气时，这些房地产企业又以项目转让、股权出让等方式迅速退出市场。

这个现象表明，房地产开发这个行业，过去以资金驱动就基本足够，本身进入门槛并不高，这是给所有房地产企业的警示。但是在另一方面，非房地产企业基于对房地产市场大周期和大趋势的判断而做到"快进快出"，又是当下所有房地产企业应该学会的"生存和进化"之道。

在上市公司2018年的年报季中，蓝光以其"高成长性"获得了行业内外的广泛关注。其在新的经济社会转型发展时期表现出来的良好进化，为房地产企业提供了一套切实可行的转型逻辑参考。

▲ "人居蓝光＋生命蓝光"双擎驱动的战略项层设计

　　蓝光当前的战略板块构成表明，所有的创新和业务拓展都是围绕"人居蓝光＋生命蓝光"的"双擎驱动"模式展开的。

　　快——无论是企业战略判断、产业拓展还是产品价值升级，各部门的决策都要求迅速利落，想清楚便付诸行动，避免贻误时机。

　　稳——在任何决策与执行过程中，都有可靠、稳妥的管控机制，确保企业在可控的风险范围内活动。

　　准——在投资能力上要求精准。进入一个城市就带火一个城市，布局一个业务领域便提升一个行业的关注度。

　　在这样一个大转折的新时代，在这样一个大变局的房地产行业，我们需要寻找一个践行这种"知行合一"方法论，并获得高质量增长的企业样本。

　　那么，在具体的企业运作中，蓝光都有哪些值得借鉴之处？支撑其高质量增长的关键点是什么？按照"进化策源—进化路径—进化版图—进化动力—进化价值"的逻辑，我们从企业战略、投资能力、产品打造、产业拓展、人才建设、企业责任等维度，进行了系统梳理，下面来看这样一个高质量增长企业的进化之路，是如何一步步推进的。

第2章 策源

一个企业的进化，需要顺应社会发展趋势，紧随行业市场环境变化，但终归源于企业自省和重塑的战略选择。

　　对于站在十字路口的房地产企业来说，尤为如此。

　　回顾蓝光近年来的发展轨迹，多次切中行业与时代命脉，先于行业至少半步看到发展趋势，并屡屡高效落地，进化策源功不可没，值得探究。

　　"人居蓝光+生命蓝光"双擎驱动的战略顶层设计何以诞生？低谷之际何以敢提转型改善？转型之时，横空出世的为何是文旅"新物种"？"同心多元化产业生态链"有着怎样的来龙去脉？这些问题的答案，就是蓝光进化的战略源头。

　　而这些源头，又可以在蓝光领导者的一些讲话中，找到真实而准确的表达。

第一节 ｜ 四问趋势引领者

▲ 蓝光"芙蓉系"产品传承东方神韵

近两年，随着社会发展趋势和行业市场环境的变化，房地产企业走到了自省和重塑的十字路口。

中国房地产 TOP10 研究组的统计数据显示，2004 年首批百强房地产企业中，仅有 19 家企业继续跻身 2017 年房地产开发百强，81% 的公司已被挤出百强名单。现实的情况是，行业集中度加速提升，强者恒强态势延续，企业的战略方向显得愈发重要。

观察常年位居百强行列的房地产企业，无不是通过前瞻性思变与积极高效的自我调节，找到突围机会。

其中，蓝光近年来的战略表现较为突出。曾经的地方企业，不仅成功布局全国，连续 12 年荣获"中国房地产百强企业（综合实力）"，更于 2018 年荣获"中国百强房企成长性 TOP10"，位列第 3 名。① 这些成效都得益于蓝光近几年根据行业变化和政策风向，适时做出的影响企业整体走向的战略决策。

这些战略决策究竟如何得出？其背后的逻辑依据是什么？将时间刻度回拨，来对蓝光战略体系进行样本观察，可以找到一些行业共通的战略逻辑。

一个顶层设计
"人居+生命"的双擎驱动何以诞生？

近年来，由于房地产调控和行业周期性变化等因素，业绩

---

① 数据来源：中国指数研究院。

增长不确定性日益凸显，房地产企业纷纷寻找房地产开发主营业务之外、具备持续创新能力的新支柱，用以保障企业运营拥有更稳固的资金来源和融资渠道，找到可以为地产输血，以及自我造血的途径。例如绿地的"大基建、大金融、大消费"战略，万科的"热带雨林"战略，无不是从企业运营风险控制的层级出发而布下的防范之举。

而蓝光，也早在适当的时机，提出了"人居蓝光+生命蓝光"的战略顶层设计。

2014 年 6 月 5 日，蓝光地产金融集团①借壳四川迪康科技药业股份有限公司的重组方案，获得上市公司股东大会98.07% 的高票通过。2014 年 9 月 16 日，蓝光英诺②宣告成立，以自主研发的核心引领技术推动"3D 生物打印"全球应用。2015 年 4 月 16 日，蓝光发展（证券代码：600466，SH）正式在上海证券交易所挂牌上市。

在当时，蓝光上市不过是正式进入资本市场并进行资本化运作的一个事件，毕竟上市是许多房地产企业在扩张之后的理想选择。然而在上市后不久，2015 年 11 月 10 日，蓝光首次以官方口径提出了"双擎驱动"战略，即"人居蓝光+生命蓝光"的战略顶层设计。这套战略顶层设计引发整个行业以及资本市场的高度关注——原来，并不仅仅是一个上市的壳，而是作为蓝光战略顶层设计的一部分被高度重视。

其中的逻辑从何而来？坦白来说，这个战略决策有一半偶

---

①　四川蓝光和骏实业有限公司，本书中简称蓝光地产金融集团。

②　四川蓝光英诺生物科技股份有限公司，本书中简称蓝光英诺。

然性，一半必然性。

偶然性在于，出于公司发展和扩大规模的需要，蓝光借壳完成上市，与医药行业的深度牵手，有着机缘巧合的成分。而必然性在于，行业周期和市场趋势同样给蓝光提出了新的要求，需要蓝光进行新的战略选择。生物医药、生命健康等领域酝酿着重大机遇，不容错失。

于是，通过"人居+生命"完成人类需求的闭环构架，成为蓝光的核心战略。前者是以传统房地产行业为核心原点做人居领域的探索，具备现实意义的强劲商业价值。后者以健康医学前沿创新行业为原点做生命领域的拓展，满足人类长久性的根本需要，未来潜力价值不可估量，二者形成互补之势。

可以说，凭借"双擎驱动"战略，蓝光把握了人类两大核心需求价值原点，其分散出去的价值可能性与预期，非当下可以测算。这在蓝光官网上，实际已有明确描述："专注于人类生活的核心需求，提供从生活到生命的创新解决方案，为大众创造幸福生活。"

今天，再回过头来看"双擎驱动"的战略顶层设计，"人居蓝光"以"地产金融+文化旅游+现代服务业"为核心基础产业，"生命蓝光"则以"3D生物打印+生物医药"为创新支柱产业。"人居+生命"充满了收放自如的智慧，既明确了方向，又不被方向所局限，而是各自拥有足够大的发展空间。

一项拐点决策
低谷之际何以敢提转型改善？

2014 年，中国房地产行业的一个拐点。

国家统计局数据显示，2014 年中国商品房销售面积、房地产投资额、新开工面积等系列数据，一改往年高歌猛进态势，掉头转下，同比 2014 年分别下降 7.6%、9.3%、10.7%。从 2006 年 6 月 1 日便开始执行的"70/90 政策"，令"小户型"产品在此后几年受到市场的普遍接受与认可，但这一热潮同样在 2014 年跌至谷底。尽管政府推出一系列自下而上的"救市"措施，市场仍未见显著好转。

行业拐点的诸多"低落"表现，令房地产市场充满危机感。为何市场缺乏动力？企业的下一步发展方向应该指向何处？曾推出热销"COCO 系"，受益于刚需市场的蓝光，也在思考。

在之前的市场布局中，蓝光按"中国家庭收入结构图"将市场分为两大部分，预计"刚需"占比 80%，"改善"占比 20%，并凭借刚需产品的打造，蓝光收获较高知名度与市场份额。但随着行业低点的到来，蓝光看到了刚需市场的疲态，整个行业的需求似乎在不觉间发生了变化，但新的需求是什么？

2014 年 9 月 4 日，蓝光给出了答案。

这是蓝光照例一年一度的战略研讨会，会上核心决策层提出了一个影响公司未来发展的重要提议：向改善转型。

该提议的核心依据在于一个国家统计局的数据：2014 年中国城镇化率为 54.8%。据研究，城镇化率超过 50% 这个节点后，客户结构即开始转向为改善属性，表现在住房自有率高、以小换大的换房需求强等方面。这一研究结果结合当时的市场表现和系列松绑政策，蓝光觉察到，向改善市场转型的时机到了。该提议在当时并不被部分经营层所理解，小户型的市场接受度都不够，大面积能有空间吗？但就在战略研讨会结束后不久，"全面放开二孩"的政策信号出现，这被认为是蓝光把握政策趋势和转型战略选择正确的重要佐证。

2015 年 3 月，在"2015 年蓝光地产 i5 生活平台发布会"上，蓝光正式对外宣布产品战略从"刚需为主"转型为"改善型刚需、改善型需求和高端需求"。在同年，蓝光提出了"一城一标杆"，作为 2016 年产品出来之后的战略落地举措。

在此战略指导下，蓝光产品、投资两条业务的落地工作迅速展开。蓝光随之研发并推出"雍锦系""公园系（现为林肯系）""长岛系""芙蓉系""黑钻系"等改善型产品系，从区位选址、项目定位、景观打造、户型尺度、附加服务等方面都进行优化提升，按改善需求进行研发设计。2016 年，蓝光"雍锦系"荣获"中国房地产高端项目品牌价值 TOP10"[1]，并在 2017 年荣获"中国房地产开发企业典型住宅项目"[2] 和"中国房地产精品项目品牌价值 TOP10"[3]。蓝光"芙蓉系"则在

---

① 数据来源：中国指数研究院。
② 数据来源：中国房地产业协会。
③ 数据来源：亿翰智库。

2018 年荣获"中国房地产企业品牌价值·产品品牌十强"①。

至于投资层面，蓝光对全国城市进行了市场分析与考量。尽管全国市场都较萎靡，但一些处于城镇化过程中的强二线城市，凭借其城市更新的发展红利呈现出较强的价值效应。根据城市能级、人口数量、城市更新进程、行业数据等测算维度，蓝光将这类城市区域总结为三个市场特点：高价值、高增值、低存量。

此后的故事不必多言。蓝光抢先在合肥、苏州、武汉、南昌等强二线城市获得地块，并将自己的改善型产品系大量推出，实现了"口碑与票房齐飞"。蓝光年报显示，2016 年蓝光签约销售额达到 301 亿元，同比增长 65%。2017 年市场势头继续凸显，签约销售额达到 581.5 亿元，同比增长 93%。2018 年上半年，蓝光签约销售额达到 413.73 亿元，同比增长 36.66%。

截至 2018 年 10 月，蓝光已在全国实现 17 大区域、50 余个城市的布局。

回过头看，转型改善是蓝光相当关键的一次战略抉择，不仅方向正确且在时间节点上领先一步，享受到改善市场的行情利好。要知道，此后两年间诸多房地产企业也陆续走上改善之路，但行业竞争明显加大。

---

① 数据来源：亿翰智库。

一种转型武器
横空出世的为何是文旅"新物种"？

行业拐点和城镇化发展在房地产市场催生的效应不仅仅是改善市场。

一方面，改善市场的竞争进入白热化，房地产企业间正面临博弈成本变高，急需寻找新的利益增长点。另一方面，"改善+"的效应逐步凸显，不仅体现在住房的改善需求上，还包括对文化娱乐、场景体验等精神层面的改善需求。

当前中国社会主要矛盾已经转化为人民日益增长的美好生活需要和不平衡不充分发展之间的矛盾，这一政策导向将各行业推上风口浪尖。一时间，不同领域的"美好生活"成为各行业关注的焦点。

其中，五大幸福产业之首的文旅，是目前较为为可观的市场领域。据国家旅游数据中心统计，2017年中国国内旅游人数达到50.01亿人次，同比增长12.8%；旅游总收入达到5.4万亿元，同比增长15.1%。其中，家庭亲子游的需求正在急剧上升，有望呈现50%~80%的高速增长。庞大的需求，成为房地产企业进军文旅市场的原始动力之一。

然而文旅项目的市场要求并不低，尤其以主力产品形态的主题乐园为主，如果没有切准市场痛点，很容易倒在扩张途中。低层级同质化、开发周期长、选址困难等都是国内主题乐园生存困难的原因。

2017 年 4 月 28 日，蓝光首个"水果侠星球"项目在都江堰竣工，当年便产生 300 万人次客流量，形成一股可观的"快乐经济"。作为蓝光进入文旅的尝试之作，都江堰"水果侠星球"的"爆红"，令蓝光都有些始料未及。

与其他乐园品牌相比，蓝光文旅瞄准二三线城市 1~2 天短期家庭亲子旅游的市场缺口与前景，是着眼于青少年素质教育而培育的新型城市精品主题乐园。它具备项目开发周期短、选址灵活、复制性强、投入少、回报快、自主性强、不依赖国外乐园品牌等产品特征，突破了过去文旅乐园开发运营的种种限制。

2017 年 9 月，蓝光在都江堰举行战略研讨会，决定从全公司层面推行文旅战略。三个月后，2017 年 12 月 4 日，蓝光文旅产品发布会在北京举行。2018 年下半年，蓝光文旅在昆明推出升级产品，规模更大，产品更丰富，预期收益更可观。未来 3~5 年，蓝光将陆续实现全国各地多个文旅项目的运营。

文旅战略的成功落地，成为蓝光转型发展的一种重要武器。

一幅生态链路线图
"单骑走千里"为何行不通了？

无论是进入改善市场还是抢占文旅领域，都是蓝光在思考未来发展方向中找到的出路之一。这种出发点与轨迹，也是整个行业近两年的一个缩影——作为曾经支撑起中国经济高速发展的支柱性产业，房地产行业在经历着转型发展的阵痛。

如何找到新的增长点？有没有一套力求可持续发展的商业逻辑？这是每个房地产企业面对未来必须思考的命题。

毕竟，房地产"后时代"已经到来。虽然行业未来 5～10 年依然有 22 万亿元的庞大体量，但行业本身的吸引力已经发生变化。单纯居住的需求终有走向平稳的那一天，依靠房地产住宅开发的产品竞争时代正在过去。

2018 年年初，一波房地产企业"更名潮"便透露出端倪："朗诗绿色地产有限公司"更名为"朗诗绿色集团有限公司"；"龙湖地产有限公司"更名为"龙湖集团控股有限公司"……更名的背后，凸显了房地产企业向其他领域拓展的倾向。

但是新的机会在哪里？

蓝光已画出一幅完整的企业发展路线图。

在 2018 年 2 月 7 日的蓝光年会上，蓝光控股集团董事局主席杨铿首次提出"同心多元化产业生态链"的战略理念："围绕地产这个核心产业，已经形成了一条生态链，如果我们不做颠覆式的商业模式再造，那么就只是一个纯粹的地产商，今后很难生存。"

于是，一个关系到蓝光长远发展命运的战略理念浮出水面。在这个战略理念中，未来将是围绕"人居蓝光+生命蓝光"的多元领域系统竞争，包括文旅、服务、智能、商业、健康等。这些市场将一直活跃，具有长期的可持续性。这就要求蓝光必须在诸多产业领域都有所布局，形成一条产业生态链，才能在未来发展中具备较强竞争力。

目前，蓝光已布局文旅、生命科技、现代服务业、互联网、智能、教育等多个领域，"同心多元化产业生态链"已初具雏形。其中的战略逻辑较为清晰，将产生的战略价值也逐渐明朗，大致有三个方面：

其一，从企业自身看，通过产业生态链的建立与发展，推动传统地产的转型，从而提供更丰富、高质量的系统人居服务，找到新的商业模式；其二，从市场端看，产业生态链的建立又能反哺地产产品，提升其市场价值预期；其三，从行业端看，率先将公司战略认知从产品竞争升级到产业生态链竞争，无疑抢得了行业先发优势。

事实上，"同心多元化产业生态链"并非是一个全新的战略方向，它更像是企业自身发展到一定阶段的"进化"结果，从过去长期发展的中短期战略目标，最终总结提炼出可持续发展的企业长期战略方针。

按照最新的描述，蓝光在"人居蓝光+生命蓝光"双擎驱动战略引领下，以"更懂生活更懂你"为品牌主张，坚持以新经济逻辑和互联网思维，构建"同心多元化产业生态链"，坚持规模与利润并重，实现高质量增长。

战略，看似系统性、专业性极强的词汇，其本质就是做选择的智慧。不单单考虑企业自身想要做什么，同时考量行业与社会需要什么，再依据自身的资源与能力做出合乎时宜的发展选择，最终实现企业、行业和社会的多方共赢。

回顾蓝光近年来的发展轨迹，多次切中行业与时代的命脉，先于行业至少半步看到发展趋势，并屡屡能高效落地。这既是成熟、进化的企业战略，也是一家公司的意义与价值所在。

第二节 | 蓝光领导者说

▲ 蓝光控股集团董事局主席、蓝光发展董事长　杨铿

▲ 蓝光发展执行董事长兼首席执行官　张巧龙

新战略是在实战中做出特色

蓝光控股集团董事局主席、蓝光发展董事长　杨铿

2017 年 2 月 25 日，"蓝光地产金融集团战略研讨会"在峨眉山蓝光己庄酒店成功召开。

蓝光控股集团董事局主席、蓝光发展董事长杨铿在研讨会上指出，战略就是独特的模式，战略就是特立独行。有独特竞争的企业一定是实现了资本化、基金化、金融化、互联网化和信息化的企业。任何一个好的公司一定要有目标，并且找到实现目标的途径和方法，同时还要善于反省、善于总结和善于改进，在实战中落实新战略。

他再次强调，贯彻"一起创造，勇于担当，共同分享"的十二字方针，建立匹配新战略的激励机制，激发内生性的发展动力。时势造英雄，英雄造时势。蓝光要培育出有信心、有决心、有胆量，具备"企业家精神"的"企业家团队"。

新战略是在实战中打出来的

蓝光的新战略，不是简单地冥想出来的，而是在实战中打出来的。真正的战略一定是在长期的实践中，在艰难的环境中，做出自己的特色。很多像贝聿铭一样的大设计师，在起步的时候，就是相互学习，而在成熟的过程中，还在继续学习和自我总结，最后才能达到今天的高度。蓝光今天的战略，一定也是在学习和总结的过程中提升对自我的认识而形成的。

把"五化"高度结合起来

我们今天的模式一定要改变。传统的房地产企业就是"拿地—盖房—卖房"。今天新型的或者说具有新的独特竞争力的企业已经远远不是这样，它一定是资本化、基金化和金融化，一定是把互联网化的手段和信息化的手段高度地结合起来，这叫作"实体经济+金融+虚拟"。

投资为王，其实核心的逻辑还是在资本化上。今天，我们实际是地产金融集团，如果我们今天还是纯粹的地产集团，那就长不大。只有赋予了资本的能力，把资本化和基金化的手段用到位、用得巧、用得精，我们才能不断发展。基金化是新战略的内容之一，有很多问题可以用地产基金的方式来解决，可以用优先股的方式来解决。

应用内生性激励机制

内生性的企业，解决内生性的激励机制问题很重要。这个问题解决了，日常很多莫名其妙的摩擦就会减少，要把具体操作的细则制订出来。

自己进步了、优秀了，还要到行业中再看看，别自娱自乐。要有信心、有决心、有胆量。要制订我们激动人心的、雄心勃勃的计划。企业家精神，是一个企业家团队必备的基础，没有这个东西，这个公司也是长不大的。我指的是每个人，按照现在这个发展态势，如果不立即把内生性的激励机制应用起来，那么在机制和体制上就一定陈旧，一定会被淘汰。

任何一个好的公司一定有目标，而且能够找到实现的方法，找不到实现的方法就是空喊口号。每个人都不是完人，在明确目标的过程中可能会犯很多错误，但只要把原则方向把握好，而且面对问题的时候善于调整，就像开车一样，定了目标后，走哪条路只是个技术问题。这样再通过我们的共同努力，就能实现更高的目标。

时势造英雄　英雄造时势

江湖险恶，英雄辈出。要齐心协力，明确目标，并用我们找到的最好的策略和办法去克服困难，去实现目标。时势造英雄，同时也是英雄造时势。

战略贯穿发展始终

蓝光控股集团董事局主席、蓝光发展董事长　杨铿

2017 年 7 月 23 日，"蓝光发展 2017 年半年度总结暨下半年经营部署会"召开。蓝光控股集团董事局主席、蓝光发展董事长杨铿对集团的战略谋划提出了要求，他同时结合数据分享了对房地产业的认识和理解，对"企业家精神"进行了详细解读。

明晰行业发展的可持续性

中国房地产业产值已占到 GDP 的 20%~25%，带动了接近 60 个行业的发展。目前 14 亿中国人，大概有 7 亿城市人口和 7

亿农村人口，从人口总量和结构可见，真正的购买力和现代化的能力主要集中在城市。

随着中国城市化的进程，形成了长江经济带、珠三角经济带、京津冀经济带和以省会城市为经济中心的城市群。与此同时，"全面放开二孩"政策开始实施，每年有几百万的海外中国人回流，每年还有大量的大学毕业生、转业军人和新的城市化人口，这些人口的存在及增长构成了房地产业发展的需求基础。

房地产业的趋势将会是集中度越来越高。在欧美，房地产业照样是支柱性产业，我们今天的地产金融化还存在很大的发展空间，我对房地产业依然非常有信心。房地产业并非简单的朝阳产业或夕阳产业，会随着中国的经济结构变化趋向更优和更好，对此我们一定要有清晰的宏观认识，要明晰行业发展的可持续性。

将战略贯穿发展始终

"不谋全局者，不足谋一城。"蓝光要发展成为优秀的企业，一定要有战略意识。无论集团总部还是城市公司，都要有中长期的考量，不能只想到眼前。特别希望高层多花些时间思考战略，做到心中有数，发展方向不偏离。

有本书给战略下了 12 个定义：目标定位、格局布局、生存之道、特立独行、选择焦点、策略之路、领导方向、发展规划、建立认知、打败对手、追求简单、应变迎变。

房地产行业的宏观现状是方向，在这个方向中，有没有自身的发展定位？在市场中怎么破局？怎么特立独行？怎么去聚焦？怎么打败竞争对手？真正好的战略，一定是追求简单。目前战略的核心在于财务战略，对于今天的蓝光，所有的核心工作都是围绕财务指标的实现来开展的。

蓝光一定要将战略贯穿发展始终。2017 年公司战略的年度目标是资本化、基金化和互联网化能取得新突破，财务战略要继续推进。今年我们实行的是 2.5 级管控，明年一定要实现 2 级管控，为了更聚焦、更适应发展的需要，必须减少中间环节。

建好"一把手工程"，树立"企业家精神"

我们今天面对的是非常具有挑战性的环境。"宝剑锋从磨砺出，梅花香自苦寒来。"越是困难，越能考量一个企业的生存力、竞争力和应变力。各位管理者有没有应对环境变化的生存策略？一方面大家要有专业的能力和知识，更重要的是实现成长，真正的成长是心智的成长，形成自己独立的判断，形成公司独特的核心价值观。

总部和城市公司要选好一把手，打造最优秀的核心班子。只有好的一把手、好的班子，才能把团队带好。蓝光必须选好人和用好人，实现员工与公司共同成长，实现从人力资源管理向人力资本管理全面转型。

未来的发展变化莫测，我们会遇到各种各样的问题，我们必须树立企业家精神积极应对。只有坚韧的气质和魄力，才能真正解决问题。创造客户价值成就他人，也成就自己。时势造英雄，英雄造时势，希望把蓝光打造成最好的事业平台，让蓝光的兄弟姐妹成为时代的英雄。

蓝光需要什么样的企业家精神

蓝光控股集团董事局主席、蓝光发展董事长　杨铿

2018 年 2 月 4 日，主题为"百舸争流，奋楫者先"的"蓝光集团 2017 年工作总结暨 2018 年经营部署会"召开。蓝光控股集团董事局主席、蓝光发展董事长杨铿在讲话中指出，蓝光要成为中国优秀的企业，一定要树立一流的品牌，打造一流的优秀核心团队。区域公司要建立最具竞争力的分配机制、激励机制，坚决贯彻股权激励、合伙人机制和"蓝色双享"机制。蓝光要打造最具竞争力的产品，打造最具稳定能力、稳定盈利和稳健发展的财务模式。

要建设一个优秀的蓝光，一个卓越的蓝光，一个基业长青、伟大的蓝光，核心点在于新的战略。

回首 2017 年　取得九大突破

2017 年，在限购、限价、限贷、限售、限商的政策环境和市场环境压力下，蓝光取得了九大突破：投资能力、产品能力、团队能力、人才引进、企业文化、激励机制、战略创新、互联网、信息化。

在规模方面，从年初的 6 大区域 16 座城市，拓展到 12 大区域 25 座城市。

在人才引进方面，2017 年坚持"一起创造，勇于担当，共同分享"十二字方针，坚持"客户满意是我们的第一目标，尊重和关心员工的个人利益"的核心理念，坚持"勤勉，强我，利他"六字方针，坚持合伙人机制、"蓝色双享"机制，无论是引进人才还是内部培养出来的人才都在 2017 年做出了突出的业绩。

在互联网方面，建立了蓝裔科技①。数字化营销和在线业务都高效运行。

目标　打造蓝光产业生态链

2017 年，党的十九大胜利召开，中华民族进入了伟大的新时代。在新时代我们作为一家上市公司、一家民营企业，应该认真思考怎样打造蓝光产业生态链战略布局。围绕地产这个核心产业，已经形成了一条生态链，如果我们不做颠覆式的商业模式再造，那么就只是一个纯粹的地产商，今后很难生存。蓝光形成自己的商业模式，2018—2020 年是最核心的三年。

我们做蓝光文旅，这是一个新兴大产业。

我们做蓝裔科技，我坚信今后全国乃至全球大公司一定是科技类、人工智能的公司。

2018 年，我们将围绕"同心多元化"五字方针，以地产为核心，以文旅战略为导向，各大产业协同发展。在文旅、地产、互联网金融、教育、现代服务业、生态、生命科技、商业、建筑等领域持续发力，打造蓝光产业生态链。

---

① 上海蓝裔网络科技有限公司，本书中简称蓝裔科技。

格局　十大企业家精神

蓝光要在房地产行业中，成为一个优秀的一流企业，管理层特别是高层，对于"企业家精神"必须要有思想层面的充分认识。针对这个问题，我归纳了十个要点，算是企业家必备的十大精神。

第一，法治精神。做任何事要有法治思维。没有法治精神，企业是长不大的。

第二，底线思维精神。要有道德底线、法律底线，这个底线精神包括成本底线、预算为纲等。

第三，创业精神。要有吃苦耐劳的创业精神，"狼性"文化实际上也是创业精神的一种比喻。

第四，学习与创新精神。学习能力与创新精神是必备素养。不断学习，不断改进，不断反省，建设学习型的组织。

第五，冒险精神。要敢为人先，敢于尝试。当然，这里所说的冒险，是在规则范围内的创新。

第六，公益精神。如果一个企业家没有利他精神，那么注定是无法向更加广阔的天地迈进的。

第七，人才培养和宽容精神。优秀的企业家一定是善于培养人才的。而在培养的过程中，没有宽容也不行，这种宽容无关道德底线，是在能力、业务方面，不断学习与互助。

第八，坚韧精神。做任何一件事，没有坚韧的精神和信念，成功的可能性会大大降低，何况是成为一位优秀的企业家。

第九，市场精神。市场化能力是真正的本事，是真正的能力。无论是项目组织实施能力，还是产品能力、成本能力、预算能力、财务能力……这些必备的技能，只要形成了市场化的理念，拥有市场化的能力，那么在公平的环境中，就能做得更优秀，做得跟别人不一样。

第十，专业精神。不管是管理高手、专业技能高手，还是市场经营高手，如果不具备扎实的专业能力，那么基本没戏。今天，在欧美国家，任何一个领域都是以专业著称，离开专业就没有竞争能力。

致敬　奋斗的蓝光人"向前方"

我写过一首诗《向前方》，把它作为新年礼物送给蓝光人，希望大家始终向着前方，做最好的自己，做最好的蓝光。

向前方

华丽的诗篇总是把成就颂扬
真实的生活其实充满了感伤
勇敢地面对才能激情豪放
历尽艰辛最能谱写华章

滚滚日月莽莽苍苍
走过的历程黯然与辉煌
成败有道悲喜无常
无悔生命重在担当

踏平坎坷横扫迷茫

山高水远云天翱翔

行者匆匆青丝染霜

我心依然壮志激昂

蓝色的信念

像智慧和坚韧的灯塔

指引着我们——向前方

如何建设一个优秀蓝光

蓝光发展执行董事长兼首席执行官　张巧龙

2018年2月4日，在"蓝光集团2017年工作总结暨2018年经营部署会"上，蓝光发展执行董事长兼总裁张巧龙（现任蓝光发展执行董事长兼首席执行官）发表讲话，指明蓝光的长期发展目标。

他说，一家企业位居世界500强，持续经营30年以上，且具有在行业中领先的核心能力，方可达到"优秀"。而位居世界100强，持续经营50年以上，且通过企业核心价值观和成熟的经营理念来实现增长和盈利的企业，才能达到"卓越"。

以此为标准，蓝光的长远发展分为三个阶段，作为代代蓝光人奋斗的目标：1990—2020年，用30年时间建设一个优秀的蓝光；到2050年，再用30年时间建设一个卓越的蓝光；2050年之后，建设成就一个基业长青的伟大蓝光。

快速迭代的时代

在网上看到篇文章《时代抛弃了你，连声再见都不会说》，其中有句话，"在高智能化的时代，人类将成为无用阶层"。毋庸置疑，大数据、互联网快速渗透我们的生活，时代发生巨变，生活和理念也发生变化，我们唯一的选择就是快速地迭代，快速地适应这个时代。这就是应变、迎变。

我们谈"弯道超车"，但是很多企业在直道上也进行了超车，他们是用机制、方法和战略的创新来引领发展。唯有超级奋斗者才能在变化中成就伟大的企业，超级奋斗者就是要在环境发生变化的时候，主动离开舒适区，迭代思维，挑战自我，顺应变化，不断超越自我。

成为超级奋斗者需要做到以下方面：第一，要有超级的梦想和追求；第二，要有超级的战略思维和路径；第三，要有超级的投入和超级的付出；第四，要有超级的人才和超级的回报。这也是现在的优秀企业正在做的事。

蓝光的"势"

（1）人才引领之势

我们已经通过"外引"和"内培"成长起了一大批具有竞争力的优秀人才，已经逐步形成了自己的团队力量。

（2）文化开放之势

信心来自我们逐步地开放，不仅仅是跟自己比，还要放到行业中和优秀者做比较。现在我们说，要做到行业的第二名、第三名，要在行业中领先，这就是我们开放心态、开放文化的集中体现。

（3）强激励引领之势

我们的激励机制，包括股权、合伙人和专项考核等机制的建立，让我们已经处于行业领先的地位，我们要保持这种领先，并时刻保持竞争激励的活力。

（4）战略引领之势

我们的战略，从 2.0 到 3.0。新的财务战略聚焦到产业经营与资本经营双轮驱动和全面发展。2018—2020 年，要在资本经营方面做到跨越式发展。在上市公司内部强化股权投资和资本运作，让这一部分成为我们未来第一轮增长的新能力。

（5）产业布局之势

完成"人居蓝光 + 生命蓝光"双擎驱动的产业战略布局。2018 年新增的文旅产业，进一步完善了我们的产业布局。

（6）全国化布局之势

在投资布局中坚持"1+3+N"战略，把成都大本营、长三角、珠三角和环渤海作为我们战略投资的重点，把省会城市作为核心战略的支点城市来布局。讲战略纵深，最重要的是城市深耕，而且在选定的核心区域更要快速坚决地进行突破。

（7）产品竞争力之势

从"雍锦世家"到"公园华府"，蓝光树立了产品信心。2017 年，我们的"雍锦系"排到了行业中的第 4 名。讲到 2018 年产品规划时，我很兴奋，我认为我们现在找到了产品的信心，我们的产品定能在行业中领先。

（8）资源结构优化之势

从 2015 年开始"去商业"和"去车位"，加大资源配置，特别是在新增资源中降低"商业"和"车位"浮盈的风险，对整个资源做了大幅度优化。

所有这些工作形成了蓝光良好发展之势，为 2018 年新跨越、2020 年走向优秀奠定了基础。

我们的经营思想

（1）高目标引领

2020 年要排名行业前 20 强，在人才、资本运作、投资能力、产品能力和文旅产业等方面必须形成行业领先的核心竞争力。

2018 年的目标概括为：经营主题"中而强"，坚持"规模与利润并重，实现有质量增长"，坚持"底线思维"。核心策略是以财务战略为引领，以资本市场的市值和评级作为目标，以提升 ROE 为核心宗旨，把财务能力、投资能力和经营能力进行全面提升。调整财务结构、资源结构、经营结构和人才结构，作为 2018 年的经营主题和核心策略，在规模与利润、结构调整和核心能力方面实现突破。

（2）高度统一的文化

有了目标，最重要的是要统一意识，有高度统一的思想。首先就是要开放，要绝对开放，不要认为定的目标很高，不要听不进别人的意见，自以为是。做到行业前三，才是真的牛。其次是使命必达。事业文化，有了目标就要实现，有目标不实现就是无意义的。高目标肯定面临高挑战，不完成找理由很容易，做到优秀却要有"狼性"。我们是在一个竞争的行业，除了有"狼性"，还要有智慧、思想和方法。最后，我们还要有一张蓝图。这张蓝图，由一代代蓝光人不断绘制，其中包含了我们的使命、愿景和核心价值观，也包含了我们的经营理念、原则和核心能力等。这张蓝图就是我们未来的奋斗轨迹，当然这张蓝图也要不断微调和优化。

（3）成熟领先的经营思想

要逐步形成蓝光成熟领先的经营思想，围绕着这些经营思想，我们才能走向优秀，走向卓越。

①有人才，有天下。经营中的战略、目标和计划固然重要，但没有优秀的人则可能南辕北辙。有了优秀的人，才可能明确正确的目标和方向，把一切不可能变为可能。我们首先要重视人，重视团队。我们要逐步把人作为经营理念中的首要思想，明确对人的高标准、高激励、高绩效、高关怀和高成长等方面的要求。人围绕的还有组织，怎样在体系、机制和文化等方面去建设，这是人力的经营理念。

②强激励，强竞争。蓝光目前在这方面是行业领先的，从股权激励到"蓝色双享"，已经形成了促进公司发展的激励机制，让每个人都成了蓝光的事业合伙人。请问我们在这个时候不努力、不奋斗、不创事业怎么行？同时，我们也要全面建立蓝光内部体系化的竞争机制，职能之间、区域之间都要形成竞争，推动组织裂变，成熟区域合并末位淘汰区域。对优秀的区域，总部会进一步放权，投资有可能放给你。产品定位也放给

你，区域的薪酬机制、薪酬标准都不一样，将会分为特级区域、一级区域、二级区域和三级区域。

③中而强。坚持规模与利润并重，实现高质量增长，坚守"10%利润红线"，坚持"底线思维"，这将会成为我们未来的经营思想。不是有规模就没有利润，不是先有规模后有利润，当投资能力、资本能力、产品能力、营销能力和成本能力达到一定水平之后，规模和利润就能够同时实现。

④坚决提升 ROE。2018 年，ROE 将成为我们考核中最主要的指标。ROE 是销售净利润率乘以周转率乘以杠杆，净利润率要坚决提升。

⑤杠杆。不懂得使用杠杆的商人不是合格的商人。我们的杠杆主要体现在六个方面。

资本杠杆：应该更充分地使用资本杠杆。

时间杠杆：财务体系要全面提升使用杠杆，用"投行化思维"快速让我们的资本变现，实现杠杆效应。

并购杠杆：优化各种资源配置，实现资本增值最大化。

经营杠杆：布局"高维城市+高端产品"，实现经营深耕和业绩翻倍。

文旅产业杠杆："乐园+地产+X"全面复制，形成蓝光独特的乐园产业模式。

人才杠杆：有人才，有天下。人才是战略成败的关键。

⑥核心竞争力。2018 年，我们要在财务能力、投资能力、产品能力、人力能力和文旅能力五大核心能力方面做到突破。金融能力和资本运作能力从传统经营型财务向现代价值创造型

财务根本转型。把投资能力打造成蓝光的第一能力，成为蓝光的核心竞争力。什么是营销铁军？就是别人不能突破的盘你能突破；别人的营销费用是 2.0，你能做到 1.0；别人做到 1.0，你能做到不用费用。没有什么是不可能的。蓝光的产品就是要打穿市场，现在的产品市场有太多的刚需和太多的快消品，未来产品结构将会发生巨大变革，没有品质的产品不可能引领和击穿市场。

⑦动态战略。没有一种战略模式包打天下，唯一不变的是"变化"，战略要在运动中调整。我们的战略要想领先，城市布局、产品结构和人才结构等方面都要强调变化。要强合作，建立互生、共生、再生的共赢繁荣商业生态圈。

⑧智慧蓝光。企业未来走向优秀，走向卓越，是一套管理体系在推动。一套优秀的管理体系，会让企业更健康、更快速地发展。2018 年，我们将用"智慧蓝光"来提升管理，一定把通过人来做决策的模式转变成用系统做决策，这就是蓝光管理的一大提升。

（4）底线思维

每一个负责人都要牢记，我们要坚守政治底线、法律底线和道德底线，这是一个企业持续、健康、长远发展的基石。

千亿征程，始于足下

蓝光控股集团董事局主席、蓝光发展董事长　杨铿

2018 年 7 月 21 日，"蓝光发展 2018 年半年度总结暨下半

年经营部署会"在蓝光集团总部召开。会议提出，蓝光战略从2.0 升级到 3.0，即以新经济逻辑和互联网思维，构建"同心多元化产业生态链"，坚持规模与利润并重，实现高质量增长。

蓝光控股集团[①]董事局主席、蓝光发展董事长杨铿在讲话中指出，蓝光要以战略推动管理，以管理推动业务，具备行业一流的产品竞争力，成为中国最优秀的上市公司。

杨铿表示，如果说以前房地产业是在"高速路"上行进，那么在今天严厉调控下的房地产业，就是在"川藏路"上行进。沿途充满了危险，但是又有很多美丽的风景，这正是考手艺、考本事、考团队能力的时候。如果在崎岖的山路上开好车，发展得好，成长起来了，就会成为优势。

关键是"新经济逻辑"

我们提出新经济逻辑，这实际上是战略概念。

蓝光以新经济逻辑，确立了双擎驱动战略 3.0，由 2.0 升级到 3.0。

2.0 的内在价值是中而强，规模与利润并重，有质量的增长，目标是高周转和快速规模化，产品从刚需向改善转型。而战略模式提升到 3.0，就是做"A+H"模式，A 是房地产，H是我们现在正在做的产业生态链，要重塑商业模式，以"低投入、高产出、高周转、高产品"溢价，坚决杜绝"高投入、低产出"。今天我们可以骄傲地说，蓝光在 2017 年没有拿一个地王。

---

① 蓝光投资控股集团有限公司，本书中简称蓝光控股集团。

3.0 是以新经济逻辑和互联网思维构建"同心多元化"的蓝光产业生态链，其内在价值是规模与利润并重，高质量的增长。请注意从 2.0 到 3.0，是从有质量的增长到高质量的增长。明年要非常明确地提出 4.0，借用制造业的概念，就是国际高端水平，而 3.0 是中等偏上的企业目标。

新经济的十大维度

"善谋者谋势，不善谋者谋子。"捡了一地鸡毛，没有把握住战略，花再多钱，再辛苦再累，也没有成就。对企业来讲，每一个板块的方向清不清楚？有没有研究谋划支撑发展的管理逻辑和理论？不是指书本上的管理理论，而是执行的方案。在新经济的变革时代，我提出十大维度：

（1）新资本

资本创新，以前所未有的方式在新经济中发挥着重要作用，产融高度协同。

（2）新产品

没有好的产品是没有出路的。产品是市场提升之道，产品竞争力决定市场竞争力，有了产品才有朋友，才有认同，才有支持者、合作者。

（3）法制化、市场化与稳健的战略理念

现金流稳健，才有高质量发展。企业发展必须合法化、合规化、市场化，要具有"底线思维"。

（4）新商业

商业形态正在发生变化，商业逻辑将被重新定义。

（5）战略合作集群

合作是外延性动力。蓝光必须高度重视全球化、全国化视野下的优秀战略合作伙伴集群建设。

（6）合伙人机制

这是内生性动力。股权激励、合伙人机制和"蓝色双享"机制，都意味着分配机制格局的重新定义，将产生再分配的现实价值。

（7）互联网化

没有 IT，寸步难行。我们每个人都是互联网的依附者。从外延到内生，传统行业的互联网化、物联网化和人工智能化，正在变革传统商业模式。

（8）平台化

从量变到质变，大公司"裂变"大平台，小公司"聚变"大平台。

（9）产品竞争到产业生态链竞争

"爆品思维"是产品差异化竞争力的基础，单一产品和孤家寡人的玩法已无出路，要团队作战。

（10）新技术

科学技术的发展是新经济最大的驱动力。

蓝光战略 3.0 就是在互联网思维、平台化思维、法治化思维的逻辑和基本思维方法上产生的，这些是指导我们发展的具体方法和策略。蓝光正是以新经济逻辑，来确立"人居蓝光+生命蓝光"双擎驱动的战略顶层设计。基于这样的新经济逻辑，蓝光高度聚焦主业，坚持高度市场化和法制化，坚持稳健发展，坚持高质量增长，力争成为盈利能力最强和产品能力最强的公司，打造中国高知名度的品牌。

没有情商不能当领导者、管理者

要以战略推动管理，以管理推动业务。同时反过来，以业务推动管理变革，以管理变革推动战略提升。蓝光有很多年轻人在慢慢成长，有勇气和魄力。在如此环境下，要树立管理新理念，提升综合管理能力，使之规范化、标准化和流程化。

领导力与领导艺术是一体的，没有情商不能当领导者、管理者。情商就是领导艺术，优秀的领导力加上优秀的专业能力，才能带出优秀的团队。而只有优秀的团队，才能真正长久地实现目标、实现业绩、实现理想。

具备一流的产品竞争力

推进蓝光战略3.0，规模与利润并重，实现高质量增长，蓝光必须具备中国行业一流的产品竞争力。

蓝光怎样把产品做到最好？一定是以高质量的增长带动开发，在开发项目方面坚持高周转。坚持强力提升"雍锦系""公园系（现为林肯系）""长岛系""芙蓉系""黑钻系"五大产品系，就能保证一线有最厉害的武器弹药。坚持产品高度标准化，坚决控制高投入、低产出和低杠杆项目。坚持中高利润率和高度品牌化，要深度理解"名利双收"，既注重品牌，又注重产品模式。只有被大家认同和被市场买账的精品，才可能做到溢价快销，这就是为什么产品研究院重视内在价值的原因。此外，要高度重视和加强代工代建，打造高知名度和高美誉度的代工代建品牌。

最核心的内在价值是人力资源

推进蓝光战略 3.0，需要重塑蓝光商业模式。这个过程就是价值获取、价值创造、价值传递和价值支撑的过程，最核心的内在价值则是人力资源。

商业模式的根本与核心，在于获取超额价值。需要核心层和高层有中长期战略眼光、战略能力以及对产业的预见能力。价值创造意味着全面提升盈利能力，意味着强化产品研究院研发能力。价值传递，说白了就是互联网手段、营销模式、品牌维护。至于价值支撑，则是内部一整套的激励机制、管理机制和风控机制等，形成全方位、多角度的支撑体系。

发展至上

蓝光发展执行董事长兼首席执行官　张巧龙

2018 年 7 月 21 日，在"蓝光发展 2018 年半年度总结暨下半年经营部署会"上，蓝光发展执行董事长兼首席执行官张巧龙强调，发展才是硬道理。

他说，房地产行业正在从"高速路"转向"川藏路"，需要比拼"开车手艺"。行业淘汰加速，在新的时代背景下，发展是唯一选择。

蓝光的发展目标

我们将以"两个30年"为奋斗目标，从优秀到卓越，最终建设基业长青的伟大蓝光。前30年建设一个优秀蓝光，以中而强战略，坚持规模与利润并重，实现高质量增长；再30年从优秀到卓越，建设一个卓越蓝光，从中而强到大而强，全面提升市值、盈利和规模水平。

在建设优秀蓝光的征程中，我们要用3~5年的时间，建设一个优秀的A股上市公司，成为最盈利、最具成长性的公司。要坚持推进蓝光最新战略，坚持规模与利润并重，实现高质量增长。高质量增长体现在我们的产品能力、组织管理能力和盈利能力上。

至于高质量增长的标准，包括：杠杆率、高权益性、高周转、高度标准化、高溢价、资源结构调整、高调性、高度强调品牌策略、高度树立代工代建品牌等。只有达到这样的标准以后，才能称得上高质量增长。

我们必须落实"七个坚定"重要目标：坚定高质量增长；坚定强人力资源；坚定强融资和资本能力；坚定强投资能力；坚定强盈利能力；坚定强产品竞争力；坚定产业模式创新。

目前看来，在蓝光的发展过程中，战略清晰，已经形成了一个大好的发展之势。

怎样实现目标

要实现我们的发展目标，需要从哪些方面入手，怎么做呢？

首先，如何建设一个优秀的上市公司？通过不断升级优化财务模式，全面提升综合性财务指标，对标优秀上市公司核心关键指标项（发展能力、盈利能力和偿债能力），不断完善提升。要实现高质量增长，则必须提升公司整体盈利能力，把上市公司做到最具竞争力和最具成长性，踏踏实实地把规模和利润做起来，这才是根本。

其次，如何实现高质量增长？通过经营策略、财务引领、投资为王、好产品、强协同、持续管理优化和强风控七个方面，提升公司的整体盈利能力。

（1）经营策略中的目标引领，即战略推动管理提升，管理推动业务达成；经营策略中的经营杠杆，则是以高周转、借力精装和供应链金融提升。

（2）财务引领：系统性、全面性、有预见性的财务规划才能实现规模、利润与风险的共同良好发展。

（3）投资为王：将投资能力变为公司的第一核心能力，从单一项目投资向更成熟的多模式投资转变。

（4）好产品：企业在未来做大做强的基石。

（5）强协同：提高协同力是提高执行力的重要环节，我们要坚持做高执行力的公司。

（6）持续管理优化：总部结合区域优化管理构架，以"动车模式"共同推动公司全速向前发展。

（7）强风控：通过全面管理和提升业务线风控能力，助力战略及经营目标达成。

有人才，有天下

蓝光实现高质量增长，核心在人才。公司的整体运营能力提升，要靠人才来推进。

首先，要建立最具竞争力的激励机制，支撑"中而强"战略，践行"一起创造，勇于担当，共同分享"的核心理念，建立全面薪酬管理机制，形成分层级、分类别，有针对性、有系统性的全面薪酬体系，成为公司"十三五"及"十四五"发展的内驱系统。

然后，培养具有"企业家精神"的一把手。持续进行"狼性"一把手培养，确保团队综合能力提升，做到"德配其位，能配其位，各就各位"。

我们每个人都要持续学习，只有当每个人的能力得到提升，每个项目的效率得到提升，公司的整体盈利能力才能得到提升。

第 3 章 **路径**

房地产行业的大变局，是机遇，也是挑战。战略既定，方向明确，但选择一条什么样的进化路径，至关重要。

　　梳理近几年间，蓝光在产品、投资和营销上的战术打法，一条高质量增长的进化路径清晰可见。

　　应对"对美好生活的向往"，蓝光以需求倒推产品，爆款频出，在全系产品线基础上，最终凝聚成市场高度认可的地产品牌。

　　当土地规模成为房地产企业扩张的首要目标，蓝光显示的不只是进取市场的雄心，更是规模与利润并重的智慧，靠"时间差"准确收获城市化进程的红利。

　　当房地产企业营销"硬推"时代已成过去，蓝光化"营销"于无形，占据最新的"潮流风口"，为产品热销迅速打开切口。

　　在这个行业大变局时代，蓝光一直在扮演变局者的角色，也许唯一不变的，是变局者角色本身。

第一节│产品的三大关键词

▲ 蓝光"雍锦系"再现中式古典园林之美

"这是最好的时代，也是最坏的时代。"用这句话来形容当下的房地产产品市场，最为贴切。

这是最好的时代——"对美好生活的向往"成为新的时代背景，全民生活品质提高，改善及高端住房需求旺盛，推动房地产业全面走向改善市场，行业产品水准发生质变。

这是最坏的时代——爆发的市场改善需求，为行业搭建了一席温床。但也有部分房地产企业，以为迅速模仿、快速复制产品，就可以"靠行情吃饭"，而无暇沉下心来，做客户调研和产品研发。

于是，当我们列举典型的改善产品行家时，仍然是龙湖、绿城、万科等几个固有房地产企业，鲜有新星出现。蓝光，就是那个曾经打造过"COCO系"样本产品的房地产企业，在转型主攻改善产品方向后，裂变式提升，成为行业中的一颗明星。

那么，在短短两三年间，蓝光何以能在改善市场站稳脚跟，其产品有什么值得借鉴的经验？探寻蓝光产品从刚需到改善的进化之路，可以找到三个关键词。

新样本
爆款频出的内生逻辑：需求倒推产品

如今，若提起蓝光的产品竞争力，必谈"雍锦系"。

从2015年年底第一个项目——成都雍锦阁面世，到2016年在全国范围内走红，"雍锦系"在改善市场中，成为爆款的速度令人惊讶。

一方面，市场销售业绩捷报连连：成都雍锦阁销售额占整个区域板块 23％份额，对区域定价具有决定权；合肥雍锦半岛创下年销售额 35 亿元佳绩，成为安徽省单项目销售冠军；南昌雍锦王府同样喜人，创造单月销量 10 亿元佳绩……

另一方面，品牌口碑迅速传播，行业认可度与日俱增。2016 年，蓝光"雍锦系"荣获"中国房地产高端项目品牌价值 TOP10"[①]，并在 2017 年荣获"中国房地产开发企业典型住宅项目"[②] 和"中国房地产精品项目品牌价值 TOP10"[③]。

可以说，"雍锦系"既是蓝光成功站稳改善市场的一个功臣，又是行业中一个高端产品系的典型新样本。

尽管蓝光转型改善的节点切入较早，但同时期打造改善系产品的房地产企业并不少，为何"雍锦系"能一鸣惊人？主要有两方面原因：

其一，客户群体定位精准化。

改善市场是一块大蛋糕，家家都欲分而食之，但简单地将面积做大是不能贴上改善标签的。得益于长期精准的客户研究，蓝光找到的突破口是：客户群体的精准化定位及需求细分。

市场正在进入一个细分化时代，改善型住房亦如此。同为改善客户群体，既有重视家庭成员生活体验的首改客户群体，

---

① 数据来源：中国指数研究院。
② 数据来源：中国房地产业协会。
③ 数据来源：亿翰智库。

也有强调社交身份认同感的再改客户群体。有偏重圈层营造的高端客户群体，也有关注配套服务的大众客户群体。通过对不同客户群体的需求特征、购买能力和职业范畴等进行充分研究，蓝光制定了从 A 至 E 的产品等级，每个等级会根据客户群体的核心需求，制定相应的产品与配置标准。

其中 A 级是控制总价，更关注性价比的城市青年刚需产品，E 级是占据城市核心资源的顶级豪宅产品。而"雍锦系"横跨 C、D 两个级别，专注深度改善和高端住宅市场，是蓝光的改善主战场。据蓝光统计，这部分客户群体占市场的比重为35%，囊括了城市中的政商文儒客户群体，他们在购买力上极具溢价能力。

其二，击中差异性文化痛点。

文化标签是近两年房地产企业尤其偏爱的营销题材，尤其是中式文化被广泛采用。但"水土不服"的情况时有发生，不少项目的文化意味，仅停留在营销层面，项目承载性远远不够，细节经不起推敲。

"雍锦系"的文化标签，不仅仅是一个营销题材，而是具备真正意义上差异化产品的价值点。按照蓝光产品研发团队的说法，"雍锦系"的文化价值属性，从拿地之初便融入项目的基因与血液。这意味着，一个"雍锦系"项目的选址、建筑风格和产品打造等方面，都与文化价值相呼应，确保在最终呈现上，有更全面和更系统的文化韵味。

以苏州"和雍锦园"项目为例，结合江南文化做创新，汲取苏州园林精华，打造了"姑苏城雍锦八景"，即小桥、流水、

▲ 蓝光苏州"和雍锦园"项目

亭台、楼阁、道路、植被、院落、山石，用现代造园手法解构江南园林符号，与建筑气质融合。凭借其考究的细节，该项目甚至被《中国国家地理杂志》誉为"新苏式园林的典范"。

这样的文化属性并非一成不变，而是根据不同城市地域的特征，进行本土化文化属性的打造。苏州主打江南园林小桥流水的新中式美学豪宅典范，合肥雍锦半岛以"儒释道"入手，成都雍锦王府借古蜀文明的兴起繁华之地——金沙筑高端宅院，雍锦世家则凭双楠板块主打成都慢生活……

"雍锦系"的成功，让蓝光彻底摸准改善市场的脉络，其产品研发能力也在此基础上，被一步步唤醒和激发。此后蓝光不断推陈出新，形成了"黑钻系"和"芙蓉系"两大高端改善产品线。其中，首个"黑钻系"已在青岛落地，而首个"芙蓉系"也于 2018 年 5 月 20 日在西安推出，首开全清。后者源自"宽窄之间见芙蓉"的成都气质，致意"芙蓉国里尽朝晖"的文化中国。

不论是产品线的分级还是文化价值的塑造，都是蓝光从客户群体出发，在从客户需求反推产品的逻辑中，找到产品价值发力点，从而形成了具有蓝光标签的产品核心竞争力。

族谱化
全系产品线的打造能力：田忌赛马

在完成改善产品线的系统化体系后，蓝光实现了全系产品线的布局，建立了一套产品"族谱"。

按理说，凭借"雍锦系"等产品系的大卖，蓝光无须大费周章，再铺排太多产品系。反观同行，有的企业产品系划分并不细致，往往以一两个主打产品快速复制。那么，蓝光看似"多此一举"的全产品系布局意图何在？

从市场端来说，全系产品的布局能帮助蓝光更全面占领改善市场份额，获得改善类产品溢价能力的最大化。这个逻辑就像"田忌赛马"。在市场竞争中，手握最好的牌并不一定能打赢，而牌面最全的人反而胜算更大，可以运用更多对战策略，占领更大市场份额。

例如，在一个高端改善型需求市场已经相当充分的城市，蓝光"以高打高"反而容易碰壁，而如果拿出具有更强竞争力、更精准适配客户需求的产品，以差异化和精细化的曲线进入方式，反而更能赢得市场和客户。一个显著表现是，2017年蓝光成功进驻许多三四线城市，迅速从"产品库"中调取适配当地市场和客户需求的落地产品。而如果只有一两个爆款产品，就无法迅速应对不同城市的市场，其很可能成为规模扩张道路上的绊脚石。

此外，能够在改善市场中实现细分化产品系的打造，是企业产品打造能力卓越的表现，具备公司品牌传播的价值。如万科、保利①等具备影响力的龙头企业，无不建立了完整的产品体系。

从企业端而言，全产品系的构建过程，也是大量业主粉丝的集聚过程。在"后房地产"时代，业主就是各家企业掌握的最关键资源，这个群体能被激发的价值相当巨大，包括房地产企业日后拓展的服务、医疗、教育等多个领域。从某种意义上说，在未来的行业竞争中，谁拥有更多的业主，谁便手握更多的筹码。

而到了 2018 年年中，蓝光启动"雍锦系""公园系（现为林肯系）""长岛系""芙蓉系""黑钻系"五大产品系提升工程，坚持产品高度标准化，坚持高度品牌化，坚持中高利润率。按照蓝光控股集团董事局主席、蓝光发展董事长杨铿的说法，要"名利双收"，既注重品牌，又注重产品模式，只有被大家认同和被市场买账的精品，才可能做到溢价快销。

可持续性
建造"60 年+"的房子：不断迭代的产品密码

回顾中国房地产行业发展历程，几十年变迁见证了中国经济的快速增长，见证了中国规模巨大的城市化浪潮。从农村平

---

①　保利房地产（集团）股份有限公司，本书中简称保利。

房向城市楼房的转换，从计划分房向商品房的转换，从初次置业到改善型换房的爆发潮，无论是政策驱动还是市场驱动，都表现出对更优质的居住空间和生活体验的追求。

在进入全面改善时代后，房地产的核心价值点正在发生迁移——从居住的物质层面，转向生活方式、人文关怀和人居服务的精神层面，房地产市场也正面临着行业转型升级的巨大挑战。

行业的普遍共识是：房地产终究要向第三产业的本质回归。房地产市场需求总体上已经经历了从无到有、从有到好的变化过程，所以这也是人民幸福指数的一种表现。如果说拿地盖房和看市场卖房是房地产企业的 1.0 时代，那么下一站就是注重产品价值和居住服务的 2.0 时代。

这一点特质正在住宅产品上显现，物业、教育、健康、智慧等服务内容被越来越多的房地产企业关注。只不过大多数企业迫于公司规模扩张和成本管控，实质性动作并不多。毕竟，牵涉服务价值的产品竞争，是一场持久战，对房地产企业的长线投入能力是一个巨大的考验。

而蓝光走在了行业的前列。2014 年，蓝光组建产品研究院，一个专职负责公司产品研发、设计和品质把控的部门，全权保障产品竞争力的提升。在大力投入之下，蓝光的产品价值不仅在空间设计、景观打造和建筑规划上进步明显，产品研发的核心理念也从之前的建筑层面，提升至健康居住和人文关怀层面，力图打造可以陪伴居住 60 年以上的房子。

以蓝光"雍锦系"尤为突出的智慧体系为例，其配套的智能魔镜，由于其高颜值和超服务，被不少房地产企业效仿复制到项目中，但其复制的仅仅是"表皮"。于蓝光而言，智能魔镜的真正价值在于其"高资源服务性+可持续迭代性"。

▲ 蓝光智能魔镜提供智慧人居解决方案

在蓝光智能魔镜系统中，物业服务、医疗通道、健康监测、社区安防等多渠道资源，都能在这里得到掌控。它提供的不是对某一个智能家居设备的控制，而是生活居住便利需求以及健康需求等多方面的服务内容。

不仅如此，源于开放性技术接口，蓝光智能魔镜还可以不断接入更多可靠服务资源。据了解，目前该系统已经迭代至第十代，这意味着这是一个可持续更新、适时满足居住需求的系统。

蓝光智能魔镜，仅仅是其产品价值的一个缩影。在景观、精装、空间设计等方面，蓝光同样体现出极强的服务思维。如空间设计，过往产品更注重空间的实用性，功能目的性特别强，但在当前蓝光的空间设计理念中，更多站在住户人文关怀的角度去思考，总是从客户最点滴的生活需求出发，形成蓝光特有多元化居住的设计考量。比如，"蓝光花房"形成了带有特色的居住空间，可以满足儿童活动、宠物乐园、花艺天地等个性化需求。空间的细节设计，也更能促进家庭成员之间的情感交流和互动。

"坚持产品系列的持续创新，实现从居住到生活的再次进阶。"这是蓝光对产品打造许下的愿景，相信亦是整个行业产品进化指向的前景。因此，"新样本""族谱化""可持续性"这三个关键词，也可以是代表行业产品进化的三个关键词。

第二节 | 高价值的投资秘密

▲ 蓝光嘉兴"名仕公馆"项目

房地产业界有一种说法："有规模才有江湖,有江湖才有话语权。"但规模如何实现?利润怎么保障?可能是同样重要的问题。

业内人士分析认为,虽然房地产企业多以销量排位,但在当前的市场格局下,房地产企业能否具备持续高增长实力,关键在"粮仓"。土地规模已经成为扩张的首要目标,甚至市场上出现一个有趣的现象——不少企业近年的土地储备增速远高于销售增速。恒大、碧桂园、万科、融创等在 2018 年第一季度纷纷多方加持土地。

蓝光同样如此:2017 年新增土地储备规模达到 623 万平方米,同比增长 101%;土地投资 249 亿元,同比增长 112%。截至 2017 年年底,蓝光土地储备规模达到 1 784 万平方米,同比增长 73%。

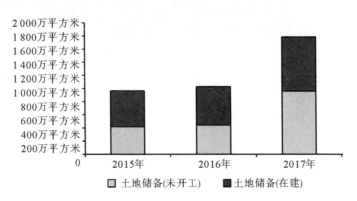

▲ 蓝光 2015—2017 年土地储备规模及组成①

———————

① 数据来源:《四川蓝光发展股份有限公司 2017 年年度报告》。

相比前几年平均百亿元的年土地投资总额，数据激增的背后不难看出蓝光在土地市场上的雄心。而在雄心的背后，是规模与利润并重，追求高质量增长，靠"时间差"准确收获城市化进程红利的企业样本。

从"城市"到"城市群"逻辑
"南下东进"战略性扩充土地储备

雄心虽有，但更重要的是，该到哪里去拿地？

早在 2012 年，蓝光创始人杨铿就正式提出要跳出区域开发商的角色，进行全国化扩张。此时，房地产业的黄金时代即将结束，行业分化也在加剧，城市的选择至关重要。

相比传统一二三四线的说法，核心城市的"高速发展+带动辐射周边区域协同发展"的城市群逻辑，已经成为大多数房地产企业投资和布局的核心。2018 年 2 月，发改委出台的国家级城市群升级相关规划中的 8 个国家级城市群（包括京津冀城市群、长江中游城市群、成渝城市群、珠三角城市群等），成为当下销售榜百强房地产企业必争之地。

事实上，蓝光也早就瞄准城市群的发展机遇，并且提出"1+3+N"的城市战略：1 是以成都为核心大本营，进行周边城市深耕；3 是重点发展京津冀城市群、以杭州湾为代表的华东地区、粤港澳大湾区经济带；N 是指作为战略支点的绝大部分省会城市及计划单列市。

细看蓝光布局的城市，大量是近两年来较为热门的城市，

比如：四川区域（成都）、北京区域（北京、青岛、天津）、
华中区域（武汉、郑州、长沙）、重庆区域（重庆）、环沪区
域（苏州、无锡、南通）、华南区域（广州、惠州、佛山）
等。在蓝光看来，这些都是属于其定义的"高价值"区域。

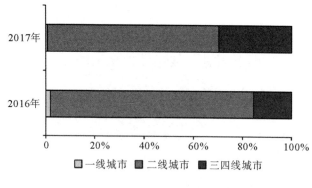

▲ 蓝光 2017 年各线城市销售占比①

"'1+3+N' 是我们长期坚持的战略布局原则，但在当前调
控政策背景下，一线及强二线城市进不去，三四线城市可能是
机会。"蓝光相关负责人表示。问题是，三四线城市那么多，
哪些三四线城市更有投资价值？对此，蓝光有一套价值判断的
标准和方法。

按照蓝光的市场管理工具，对城市有量级和星级两种划
分。量级是城市基本面，从城市经济水平和人口数量等方面进
行衡量，从 1 到 5 级递减。星级则是城市当前投资价值度，按
照 1 到 5 星递增，判断标准包括城市的人口变动、承接中心城
区的外溢功能性、城市自身的产业充足度、城市的轨道交通发

① 数据来源：《四川蓝光发展股份有限公司 2017 年年度报告》。

展前景、城市的棚户区改造进程和城市房产存量周期等方面。

蓝光相关负责人用"收割城市化进程的红利"来形容蓝光的拿地策略——把控时机。"收割"到每一轮城市化进程的红利，靠的就是对城市价值的预判，对进入城市节点的把控。割早割晚，都是损失。

正因为对进入城市节点进行了科学预判，蓝光在 2014—2015 年曾以令市场惊讶的拿地价格进入合肥、苏州以及南昌，但无一例外的是，这三块地刚进入开发周期时，同区域就拍出"地王"地块，楼面地价远超蓝光当时楼面价格。

又比如，2015 年，成都房地产市场出现降价、去库存难等现象，反观蓝光所布局的诸多省外城市，如合肥、无锡、武汉、苏州、北京、青岛等，则呈现日趋热门的态势。蓝光的提前布局令其在这轮热度到来之时，"意外"享受到溢价的红利。

但对城市价值的准确判断，只是进入城市的前提，重要的是拿什么产品进入城市。"这就是蓝光的产品竞争力"，蓝光相关负责人表示，"产品的溢价能力，在三四线城市极其重要"。事实上，正是靠着不断升级的改善型产品，蓝光在"高价值"城市兑现了价值。

据蓝光 2017 年年报数据显示，截至 2017 年年底，蓝光在成都区域，持有待开发土地储备建筑面积占比处于首位。同时在华南、滇渝等区域，提高了持有待开发土地储备建筑面积占比，实现了对"高价值"城市的均衡布局，进一步走向"中国蓝光"。

蓝光 2017 年房地产项目区域开发情况表①

单位：万平方米

区域	占地面积	规划建筑面积	开工面积	竣工面积
成都区域	151.57	574.76	249.60	117.28
滇渝区域	54.01	219.67	91.55	54.33
华东区域	41.28	129.73	60.05	30.59
华中区域	65.29	227.40	68.69	64.75
北京区域	22.19	59.90	41.66	6.12
华南区域	9.18	35.60	19.35	－
合计	343.52	1 247.06	530.90	273.07

蓝光布局的成效如何？

其年报数据一目了然：2017 年，蓝光的房地产业务，在华东区域签约销售额达到 101 亿元，在华中区域签约销售额达到 105 亿元，在北京区域签约销售额达到 39.66 亿元，在成都区域签约销售额达到 237.76 亿元，在滇渝区域签约销售额达到 94.94 亿元。

从 2017 年蓝光各区域销售增速来看，成都、滇渝、华东、北京等区域销售面积同比增速均超过 100%，实现了区域协同性增长。

---

① 数据来源：《四川蓝光发展股份有限公司 2017 年年度报告》。

蓝光 2017 年房地产项目区域销售情况表①

区域	销售面积（万平方米）			销售金额（亿元）		
	本期	上年同期	同比增减	本期	上年同期	同比增减
成都区域	295.52	132.57	122.92%	237.76	107.41	121.36%
滇渝区域	110.95	43.28	156.35%	94.94	36.13	162.77%
华东区域	81.17	38.62	110.18%	101.00	63.33	59.48%
华中区域	92.63	56.19	64.85%	105.10	73.28	43.42%
北京区域	27.24	10.94	148.99%	39.66	21.20	87.08%
华南区域	1.76	-	-	3.06	-	-
合计	609.27	281.60	116.36%	581.52	301.35	92.97%

从"招拍挂"到"收并购"
蓝光多渠道加速规模扩张

虽然土地储备竞争已成为房地产企业竞争的命门，但现实情况是，传统增量开发的狂飙猛进已经告一段落。各房地产企业为了突围发展和规模增长，想方设法挖掘市场新增长点，从"招拍挂"到"收并购"，再到旧城改造，竞争蔓延到多个拿地领域。

虽然大体量拿地有利于未来企业的全国化布局，但却面临更大的市场压力。业内人士分析，大体量拿地将资金沉淀在土地上，会影响企业现金流，降低其抵御市场风险的能力，所以"并购合作"成为许多百强房地产企业的新选择。

---

① 数据来源：《四川蓝光发展股份有限公司 2017 年年度报告》。

同样的，蓝光近两年也减少了通过公开"招拍挂"方式拿地，转而以"收并购"方式，"弯道"获取高价值城市的土地资源。也就是在公开市场价格暴涨、争抢白热化之前，做好土地储备，在行业涌入"收并购"市场之前，抢得低成本的好项目。

2017 年，蓝光看好"京津冀一体化"和"滨海新区"双重利好驱动，以 16.25 亿元拿下天津江宇海汇房地产有限公司的全部股权，从而间接获得了在滨海新区的 241.83 亩（1 亩 ≈ 0.067 公顷）土地，从而实施完成了被广泛好评的"雍锦香颂"项目。

"随着土地市场的白热化，销售市场的调控，再单纯以'招拍挂'的形式，已经难以满足蓝光的规模需求。"蓝光相关负责人坦言。

2017 年蓝光直接"招拍挂"项目的储备资源占比不超过 15%，而 85% 以上的项目都是通过"收并购"方式进行的。

对于"收并购"方式的拿地准则，蓝光也有自己的"标尺"：一是坚持以住宅为主，体量太大的商业综合体暂不考虑；二是尽量在蓝光已进入的区域城市，进行进一步的"收并购"；三是注重具备快速开发和高周转条件的项目；四是注重利润，10% 以上的净利润是基本要求。

事实上，及时转变投资路径，为蓝光节约了相当大的土地投资成本，基于多种渠道的投资拿地方式，蓝光在全国的布局版图迅速扩大。截至 2018 年 10 月，蓝光已经进入的城市数量累计超过 50 个，进一步提升了蓝光销售规模的上限。

蓝光 2017 年年报数据显示：蓝光计划 2018 年房地产项目新开工面积为 960.13 万平方米，同比增长 80.85%；竣工面积为 358.67 万平方米，同比增长 31.35%。

从"住宅"到"文旅"
从"自建"到"代建"
蓝光多元领域的整合与挑战

随着城市化进程的推进，房地产多元供给体系逐步完善，长效机制加速建立，资金面持续收紧。房地产企业开始思考如何应对这种行业变局。许多企业开始从"产销模式"向"资管模式"转变，从"买地造房卖房"向"资产整合优化运营"转变。

因此，在房地产业转型的热潮下，一直希望突破规模瓶颈的企业，纷纷开始业务的多元化拓展，如进军文旅产业，或是通过各类渠道的品牌管理与输出来拓展市场，如开展代工代建等。

事实上，这几年的文旅产业，已经成为不少房地产企业转型并寻求新的利润增长点的重要方向。蓝光在文旅产业方面的做法，更加引人瞩目。蓝光从当初的单纯住宅开发，变为片区开发、城市开发和企业园区开发，以及文旅产业的引领。

在"人居蓝光+生命蓝光"的战略顶层设计中，"人居蓝光"提出"1+N"多元化发展模式，即"地产金融+文化旅游+现代服务业"，其中文旅产业被作为独立运作的重点板块。现在的蓝光,以文旅项目为载体,开启拓展城市的新模式,以获取更多的市场机遇,分享更多样的城市化进程的红利。

其次,蓝光在拓展品牌管理与输出的渠道上,也在寻找新的发展机遇。代工代建,已经成为蓝光的一条轻资产和高利润的主营路线。在2017年蓝光新开展的近40个地产项目中,代工代建代销项目有6个,区域涵盖重庆、阆中、广州、绍兴等地。重庆"公园华府"和华东区域的诸暨"新城华府"等项目,已经亮相并获得市场好评。

一直以来,蓝光通过对土地资源的研判,实现了聚焦"高价值"城市、抢占城市机遇和拓展业务版图齐头并进的目标。接下来,蓝光将通过巩固原有的地区优势,同时加快在全国布局的步伐。

"中国蓝光"最终的版图究竟有多大?我们拭目以待。

第三节│营销的潮流风口

▲ 蓝光营销体系不变的尺度是价值

2018 年 7 月，各品牌房地产企业陆续公布了自己的 2018 年上半年销售业绩。这些销售业绩数据显示，龙头房地产企业延续了近年的强劲表现，销售业绩达 1 000 亿元以上的第一阵营共有 7 家，销售额增速达到 32.5%，增幅明显高于行业平均水平，规模化优势持续凸显。200 亿~500 亿元中间阵营的企业表现更为抢眼，其增长最为迅猛，规模化加速更快。从目标完成率来看，大部分房地产企业完成了既定目标的 40%。而蓝光在上半年把握了合理的销售节奏，以扎实而充分的完成率在一定程度上确保了全年目标的达成。

在强者恒强的"马太效应"下，行业集中度提升，城市房源存量日渐上涨，棚改货币化安置出现了新变化，对房地产企业融资全年收紧……业内人士普遍预计，2018 年下半年房地产销量和投资增速可能逐步下滑。僵局之下，更多房地产企业在向第一阵营奔跑中面临的机遇与风险并存，如何"撬动"买家入市，提高融资与盈利能力，这无疑给房地产企业实现年度销售业绩目标增添了压力，而企业对营销环节的把控也就更加重要。

今天，品牌房地产企业的营销早已告别了铺天盖地式的报纸广告、传统的中介推销等强制收视的"硬推"时代。

如何做到化"营销"于无形，占据最新的"潮流风口"，为产品热销迅速打开切口？以客户为核心，围绕公司利益服务，以价值创造、价值传递、价值兑现和价值支撑为营销体系工作导向的蓝光，给出了自己的答案。

▲ 传统地产营销模式

▲ 蓝光地产营销模式

价值创造
需求倒推生活方式的进阶

营销的前提是价值创造。没有价值创造，营销就是无源之水。

随着近年市场调控政策步步升级，高昂的换房成本促使"一步到位"的置业需求呈现增长，更加刺激了改善性住房需求。人们一改昔日对低总价、低月供等居住需求的关注点，转向青睐于集居住空间开敞、容积率低、功能多样、居住与生活品质高等特点于一体的改善性住宅。

刚需时期的房地产企业围绕如何控制成本和提高空间利用率做足了文章。以蓝光为例：将每套房源总价控制在 50 万元左右，打造 60~70 平方米的 2.5 房甚至是 3 房产品，从而建立了有口皆碑的"COCO 系"产品品牌。

当改善需求逐渐成为主流消费需求时，房地产企业纷纷开始重新审视自家产品，并以最快的速度推出"改善型刚需""TOP 系"等改善型产品。而引领行业风向的蓝光，从 2015 年起推出了"雍锦系""公园系（现为林肯系）""长岛系""芙蓉系""黑钻系"等改善型产品系。

要知道，在当前发达的社交媒体传播下，一个新研发出来的项目，从产品曝光到全行业知晓，最快只需要 3 个小时的传播时间。这是互联网时代下的竞争特色，无疑给地产营销提出了挑战：如何才能让产品一击即中客户的心？

以碧桂园、恒大等规模化房地产企业为代表的开发企业，致力研发标准化打造产品的模式，希望以标准化的方式，迅速复制产品，凭速度占领更多的市场份额。有别于此，蓝光善于从每座城市和每宗土地的特有属性着手，结合当地人文属性，因地制宜深入市场，以客户需求为导向，打造差异化产品，改善人居品质。

"雍锦系"作为蓝光改善产品的代表，以人文情感脉络为产品内核，结合不同城市文化的特色，提炼出专属文化定位：

"大道拙朴，雍锦于心"。以此为基础，再在各城市项目上附加每座城市所特有的衍生文化：合肥雍锦半岛以"儒释道"为切入点，传承了广博而深邃的徽州文化；苏州和雍锦园汲取了苏州园林精华，大胆运用现代造园手法，解构江南园林，凸显生生不息的姑苏文化；在悠久历史的成都，则将独具特色的古蜀文明金沙文化，作为"雍锦系"在文化锻造方面的发力点……

在拥有不同文化底蕴的城市，在拓展"雍锦系"产品文化外延的同时，蓝光始终不离"大道拙朴，雍锦于心"这一核心文化定位。

"尽管在同系列产品的营销推广时，有价值传承的部分，但蓝光希望不是一味地简单迎合市场，而是在深入研究当地居民喜好的基础之上，满足且超越他们的需求与期待。"蓝光地产金融集团营销负责人表示，每次必须提前召开的"土地头脑风暴会"，确保产品在不同的自然条件、土地情况和文化属性等方面，均能创造出更加符合当地居住需求的差异化生活。

从刚需到改善——这一人居需求的改变，使得人们对房屋居住功能性的需求上升至对生活、文化、社交等精神层面的需求。这一创造性营销，令蓝光的改善型产品实现了从"功能性"到"感官性"，再到"精神性"的过渡。

价值传递
科技"王炸"引爆"羊群效应"

营销的过程，其实就是价值传递的过程。问题是，价值靠什么营销渠道和营销手段传递？

　　第三方渠道曾经是房地产企业极度依赖的外部合作资源，因为他们手中掌握了绝对的客户资源与渠道。而当下，越来越多的房地产企业通过多种尝试，将客户资源牢牢掌握在自己手中。万科、龙湖、融创等不仅重视自身销售团队的建设，还将客户数据分析和客户研究等工作做到了行业领先，并从客户的数据管理中，挖掘出了更大的价值。

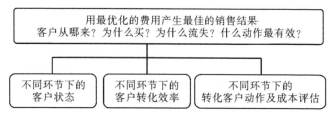

▲ "三只眼睛"看精细化营销

　　与第三方渠道合作的最终结果，就是客户资源仍然不能为己所有。自主寻客也就意味着，开发企业在前期需要自主研发并投入一定的资金、人力，这对于想要开辟专属"主场"的房地产企业而言，虽是一件棘手的事情，但却不得不去做。

　　但多数房地产企业在互联网的布局模式，除了网上直接售卖房子外就没有更多可塑的空间。而蓝光则通过自主研究、系统开发等技术手段，完成了对客户数据的掌握和对客户数据价值的最大限度挖掘。蓝光为此专门成立了全资控股的互联网业务子公司——蓝裔科技。

　　集营销线和服务线业务构成于一体的蓝裔科技，提出了融合"数字投放""渠道管理""智慧案场""购房助手""A-

CRM"五大产品服务的"智慧营销"解决方案，依托自身研发能力，同时引入优质合作伙伴，在蓝光项目上进行应用孵化，探寻"提效降费"的营销精细化运营之路。

▲ 蓝裔科技投放系统数据分析

简单来说，一方面，蓝裔科技在上游端整合了所有的媒体资源和投放渠道，能以更低的价格集采资源来降低营销成本。另一方面，蓝裔科技凭借自身优势，联合80%以上的互联网巨头公司，打造了一套属于蓝光自己的智能化数字投放数据库，这也是蓝裔科技的数字营销核心竞争力之一。

与营销渠道和手段同样重要的是：营销的内容。因为价值的传递，需要内容来承载。

每每谈及地产营销，人们一定对保利当年在平面媒体上投放的"八连版"广告记忆犹新。同一时间段，铺天盖地式的广告抢占所有主流媒体渠道，集中爆炸式地强行推出同一信息，成为上一个房地产营销周期中不可缺少的动作。

但上市房地产企业对于营销费效比①的提升越来越关注。恒大、万科、龙湖等房地产企业的营销费均已连续3年下降，基本控制在项目总成本的2%，营销费率②的缩减已成为行业普

---

① 费效比：投入费用和产出效益的比值。

② 营销费率：市场营销费用占销售额的比例。

遍现象。在"互联网+大数据"时代背景下，如何才能够做到"把每一分钱都花在刀刃上"也就分外重要。

随时随地"ON LINE"的生活状态冲击着各行业，令互联网的营销不再是凭借原有经验或领导判断力来做决策，而已演变为以强调创新为渠道，注重内容和提升费效比的"爆点式"营销传递模式，曾经强制收视的"硬推"时代一去不复返。

何为"爆点式"营销？我们来看 2017 年蓝光推出的贴近成都本地文化特质及成都人生活的系列营销传播案例。在《丞相醒了》的视频中，蓝光运用熟悉的成都场景与四川方言，同大众对话，这一爆点让观众产生了强烈的共鸣与认同感。该视频在微信朋友圈发出不到 24 小时，点击量就突破 10 万。随后，在"今日头条"和成都本地"大 V"的联合助推下，"丞相"话题得以引爆，引发"羊群效应"，短短几天时间，点击量突破 100 万，刷新了地产互联网营销传播的记录。

发布会内容与形式的创新，革新了大众对项目发布会的认知与体验。蓝光改善产品"公园系（现为林肯系）"首进南京，邀请了文化名人窦文涛畅谈人民幸福生活。而在成都，则选择了在音乐夜场"SPACE CLUB"进行"长岛国际社区成都发布会"……

蓝光的跨界营销，大胆突破了中规中矩的传统发布会模式，不仅令受众耳目一新，还激发了大家积极参与和踊跃互动的主观能动性。更为重要的是，它把蓝光的品牌形象精准地传递给了潜在客户，有效提升了受众对蓝光品牌的认知度，提升了蓝光品牌的价值输出。

价值兑现
各种"功课"助力业绩"长虹"

营销的目的，是为了价值兑现，即以更小的营销成本，来达成更好的营销效果。

除了上述营销手段，蓝光还着手通过"互联网+科技"的手段对营销推广、渠道拓客、案场管理等领域深度优化升级，以实现营销与管理在线化、数据化和智能化，从而提供更智慧的"案场一体化"解决方案，以实现对客户"全链条"的跟踪，并辅助提升营销转化率，进而达成深度营销体系变革的目标。

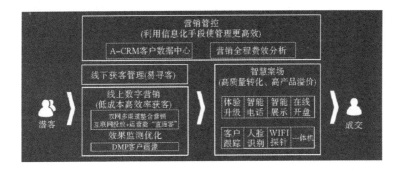

▲ 蓝裔科技致力于提供业内领先的产品营销数字化解决方案

随着项目营销推广的启动，在项目开盘进入倒计时 60 天时，蓝光就已着手安排线下拓展客户资源，利用精准的大数据分析定位客户来源，规划完善客户区域。通过"易寻客"设定目标和任务，分配渠道人员开始拓展客户资源，提高渠道转化效率。同时，结合低成本、高效率的线上数字营销，利用"双网+双渠道"整合资源，精准洞悉客户需求，超前提供满足客户需求的产品和服务。

高质量转化而来的客户在智慧案场，不仅能够享受到"管家入幕、触动五感、定格美好、归家礼续、味蕾满足、专属回忆"等全程管家体验式服务，还能通过对项目的 3D 建模，佩戴 VR 眼镜增强沉浸式体验感，亲身感受到眼见为实和身临其境的未来生活场景。再结合在线开盘等升级服务体验，令客户深切体会到蓝光的细致与用心之处，大大增强其居家体验感，为其带来一场与众不同的参观之旅。更为重要的是，通过处处充满惊喜的智慧案场服务，能够在超越客户预期的情况下，令其提前感受到家的温馨与生活的温情，并对全新生活充满无比的期待。

同时，辅以智能电话和客户接待跟踪等服务，使得线上、线下同时发力，来电量呈现持续增长趋势，这为客户的来源渠道、区域进一步调整投放、拓客策略提供了有效的数据内容供给。最终，实现将产品优质的项目价值呈现，并撬动溢价。

以"花田国际社区"和"观岭"项目为例，开盘时销售额激增，通过利用信息化加强对营销的管控，蓝光实现了自己掌握客户数据和自主掌握渠道，加强了对客户的精准管理与把控，前期所做的各项准备"功课"均达到了良好的效果，并有效实现了业绩提升。

价值支撑
以服务价值赢人心

从营销的价值创造到价值传递，再到价值兑现，都需要价值的支撑，即靠什么来完成这个价值的实现过程？

俗话说，鱼与熊掌不可兼得。在向更高量级进阶的过程中，一些房地产企业往往以追求速度为第一目标，却因此牺牲了部分客户满意度，进而流失了客源，也损害了客户的利益。追求长远发展，以客户为中心的蓝光，选择将客户满意度始终放在第一的位置。

为此，不断超越自我的蓝光借助"互联网+新技术"，长期对客户进行满意度调查，为不断提升服务价值与品牌价值而创造可能。进一步地将以往的绩效考核，转向了真正关注客户的需求，制作数字化的客户满意度"地图"，制定了有效的"后评估"机制，以寻找各环节产品与服务的不足，直面营销与服务的痛点。这在强化自身的产品能力之外，也强化了以更好的服务为客户创造价值的能力。

为了保障并提升客户满意度，2018 年蓝光地产金融集团制定了一整套分别按区域、城市、项目、生命周期和客户关键触点的任务目标，且涵盖必达目标与突破目标两级战略部署。

针对客户投诉、客户保修、房屋交付和客户满意度等方面，建立相关的帮扶、评价和预警机制，以形成专项计划，协同蓝光总部与区域共同实现：实时掌握案场服务满意度最新数据，实时优化提升；提高置业顾问服务意识，提升签约客户满意度，并且满意度评价结果在案场实时公示；提高客户现场服务品质感受等客户满意度目标，并将提升客户满意度，作为蓝光的发展战略和重要管理手段……

最终目的，就是要通过提升客户满意度强化服务体系构建，突出服务价值，实现更多客户对蓝光品牌价值的认同。

无疑，在行业下半场创新转型的过程中，这些举措将为房地产企业拓宽业务范畴和持续性发展等方面，打下坚实的基础。

蓝光提供创造性的服务，亦不断发展、迭代和创新。在科技服务营销领域，蓝光依托于蓝裔科技的服务线体系，制定了长远而完善的布局规划体系，将陆续推出涵盖"专家优享""机场贵宾通道""酒店贵宾权益"等在内的诸多高端专享类服务。

在未来，蓝光还将推出更多科技服务，值得期待。

第 4 章 版图

规模与利润并重，实现高质量增长——沿着这样的进化路径，必然带来产业版图的扩大和重构。毕竟，房地产业"包打天下"的时代已经过去。

其实，"人居蓝光+生命蓝光"双擎驱动的战略顶层设计，已经为蓝光勾勒出产业版图的进化轮廓。其中四个产业的进化，可管中窥豹。

当文旅产业的拐点来临，蓝光不仅先声夺人，更希望在行业的同质化竞争中，走出一条不一样的道路。步入存量房时代，蓝光抢占现代服务业市场，加快全国布局，迅速崛起。在新经济时代，蓝光的智能化思维和互联网化思维，不是凌空蹈虚，而是在实体产业基础上，寻找高质量发展的答案。作为"生命蓝光"的战略分支，"3D 生物打印"是黑科技，更烙下企业创始人实业报国的企业家精神印记。

在"同心多元化产业生态链"上，蓝光产业进化的版图，如参天大树，枝繁叶茂。

第一节 │ 文旅的弯道超车

▲ 蓝光文旅打开提升中国城市价值的新思路

拐点出现，往往意味着机遇来临。

依据国际经验，当人均 GDP 达到 5 000 美元以上，休闲度假需求将迎来持续爆发。

2017 年，中国人均 GDP 为 8 836 美元。文旅产业的拐点已经到来。一向嗅觉敏锐的房地产企业显然不会放过这个机会，何况当前房地产行业正面临深度调整，市场也正处于剧烈变化的周期之中。

所以我们看到，蓝光、绿地、华侨城、融创等众多房地产企业，均开启了文旅产业的探索扩张之旅。

新物种
蓝光文旅冉冉升起

美好生活需要，怎能没有旅游？

国家旅游局数据中心的数据显示：2017 年中国旅游总收入为 5.4 万亿元，同比增长 15.1%；全年全国旅游业对 GDP 的综合贡献为 9.13 万亿元，占 GDP 总量 11.04%。

快速增长的文旅消费市场，让各路企业和资本眼馋。

2017 年，融创收购万达文化旅游板块 13 个万达城项目，实现了全国范围的战略布局。

华侨城在重庆、武汉、南昌、郑州、西安等城市开启布局，仅 2017 年就落地新项目 20 个。

此外，国外的品牌公司也开始进军中国市场，市场准入门槛不断提高，后发的国内企业在与这些对手竞争时，难度变大。

而且文旅项目投入大，建设周期长，对资金实力和运营能力要求高，由此带来的超长投资回报期，超出了大部分企业能够接受的期限。以万达城项目为例，平均投资规模为 200 亿元，整体建成需 5~10 年。

蓝光，选择在这样的背景下进入，力图创造文旅行业的"新物种"，着眼于打造规模小、速度快、投资少、IP 强的文旅模式，在同质化竞争中走出一条不同的道路。

2017 年 4 月 28 日，蓝光文旅业务板块下的第一个"水果侠星球"项目，在都江堰正式开业。

不久，蓝光的第二个文旅项目，在昆明启动建设。与此同时，原归属于蓝光商业集团①下的文旅业务板块独立出来，蓝光文旅成立。

2017 年 12 月初，蓝光文旅在北京举行了"'水果侠星球'产品发布会"，宣告了一个国内文旅产业"新物种"的诞生，并已经具备在全国复制和布局的能力。

2018 年，蓝光文旅启动升级战略，将围绕"演艺小镇""水果侠星球""城市家庭娱乐中心"等文旅项目，致力于中国文旅产业开发及运营，打造中国文旅一线品牌。

群雄逐鹿，蓝光文旅冉冉升起。

---

① 四川蓝光商业经营管理有限公司，本书中简称蓝光商业集团。

新定位
城市运营商呼之欲出

文旅产业兴起的背后，是房地产企业身份定位的转型。

传统市场的短板越来越明显，基于企业发展需求，很多房地产企业均将自身定位由传统的房地产开发商，转型为城市运营商。

尤其是在党的十九大之后，"美好生活运营商""美好城市运营商""生活方式运营商"等新鲜名词，如雨后春笋。

在新的定位之下，房地产企业从传统开发业务出发，在旧城改造、产城融合、商业服务和文旅产业等板块进行拓展，以此作为城市运营商形象的支撑和展现。

蓝光亦然。

在上一个房地产的强周期结束之际，蓝光即开始踏上企业的转型发展之路。早在数年前，蓝光就布局了住宅、物业、教育、医疗、商业等板块。顺"市"而为的蓝光，通过"人居+生命"双擎驱动战略的不断进化，在产业链的组合势能下，成为推动城市升级发展的一股重要力量。

基于美好生活需要，文旅板块成为新布局的领域，而且在整个集团处于战略业务的位置。

因此，蓝光的"生活服务商+城市运营商"形象更加丰满立体：聚焦于改善型市场下的居住需求，传统开发业务板块为客户提供高品质住宅产品；通过"生活家"9S服务体系，蓝光嘉宝①的"金管家"为客户提供贴心高品质物业服务；一直持续发力的教育、医疗等板块，则为客户提供全方位、高品质的生活配套服务；文旅板块则为广大二三线及以下城市群，提供文旅解决方案，满足客户的精神文化需求。

这正是蓝光文旅的使命所在——为美好生活而来。

一方面，从城市配套升级出发，蓝光通过提供大型娱乐配套设施，提升城市界面形象和核心竞争力。另一方面，从精神文化需求出发，蓝光提供的文旅项目，丰富了人们的文化休闲生活。同时，蓝光文旅会根据不同城市的历史、文化等特征，进行因地制宜的产品组合和本地化 IP 延伸，以彰显每个城市独特的魅力和气质。

紧扣城市发展方向和产业规划，促进人气集聚和配套的快速完善，实现人口的快速导入，形成以文旅小镇为中心的宜居、宜业和宜游的"产城一体化"发展区。最终蓝光文旅为城市带去的不仅仅是一个演艺小镇或精品乐园，而是一个城市文旅集群、一个城市的新中心。

文旅加持，城市运营商呼之欲出。

新优势
用差异化竞争实现"弯道超车"

要做城市运营商，必然以产业立足城市。

目前，具有一定标杆意义的文旅企业，多布局一二线城市

---

① 四川蓝光嘉宝服务集团股份有限公司，本书中简称蓝光嘉宝。

或自然资源得天独厚的城市。区域分布不均，使得大量二三线及以下城市的市民，只能通过打"飞的"、坐高铁等方式来消费，直接抬高了时间和资金成本。大量二线以下城市的休闲和娱乐需求，其实很难就近得到满足。

在标杆文旅企业中，如融创的"万达城"项目、华侨城的"欢乐谷"项目等，均通过现有产品复制或升级，虽然有利于快速扩张，但盈利模式其实尚需检验。而且标准化的产品复制，与房地产企业在全国盖楼的流水线操作没有太大差别，很难顾及文旅项目的本地化和特色化打造。

文旅行业发展中的这种短板，正是蓝光"超车"的机会。

蓝光文旅的负责人说："在现在的市场格局下，城里人有钱、有时间，但旅游选择有限，要么去海外，要么去国内的大型综合性乐园，城市周边适合老少常去的家庭乐园很少。"而蓝光"文旅水果侠星球"瞄准的就是，都市家庭休闲游为主的"微旅游"客户群体。

因此，蓝光文旅以相对较小的投资额，一年即可建成开园的快速落地方式，在文旅行业中脱颖而出。都江堰"水果侠星球"运营一年，即吸引了300万人次客流量，其中80%以上为家庭消费群体。"标准化模块+因地制宜"组合，为文旅行业带来了观念冲击，这正是文旅"新物种"的竞争优势所在。

新模式
三大文旅再升级

竞争再怎么差异化，都需要靠产品说话。而有竞争力的产

品，必然能够更好地满足市场需求，满足人们对美好生活的
向往。

蓝光通过调查发现，当下中国文旅产业面临的行业困境，
首当其冲的就是市场上缺乏优质的文旅产品，包括缺乏丰富的
周边游产品，缺乏文旅融合体验类产品，缺乏产生情感黏性有
创新的文旅产品，缺乏家庭互融性的产品等。

另外，当下中国城市文旅产业也存在一些共性的问题，比
如，项目过于商业化，乐园产品过于游乐机械化，乐园主题 IP
效应不明显，盲目追求"拔尖效应"，易出现烂尾等。

针对这些问题，2018 年蓝光启动了文旅战略的升级。以各
种"秀"和"演艺小镇"为主的演艺文旅、以"水果侠星球"
为主的乐园文旅和以城市家庭娱乐中心为主的城市文旅，来构
建蓝光的文旅产业开发及运营体系，打造中国文旅一线品牌。

在演艺文旅方面，一是主打各种"秀"，如：大马戏结合
惊险刺激、唯美性感、气势恢宏、奇幻震撼的"时空秀"；场
景特效与情景剧场完美结合的"沉浸秀"；虚实结合的戏剧空
间及浸入式体验的"魔幻秀"；以及"特技秀"等。二是主打
"演艺小镇"。其定位是成为中国精品文旅小镇的开创者和世界
演艺文化的交流中心。客户群体的定位，是全年龄段、全属性
消费者。选址的定位，是城市的组成部分，是未来演艺文化中
心。交通的定位，是 45~60 分钟车程，配置大容量停车场。内
容的定位，是"原创 IP+属地特色文化+国际化表达"。

乐园文旅，则主打"水果侠星球"。乐园的定位，是欢乐
全家的精品主题乐园。客户群体的定位，是一定基数有可支配

能力的家庭亲子客户群体。选址的定位,是城市的组成部分,是未来新游乐中心。交通的定位,是45~60分钟车程,配置大容量停车场。内容的定位,则是"原创IP+属地化植入+日历式节庆活动"。

城市文旅,则主打家庭文化娱乐中心,这是一个前景无限的产业。

在这个过程中,蓝光文旅非常重视原创IP的打造。对原创IP的要求是:传承中华文化,歌颂祖国;IP开发运作体系化,拥有独立知识产权;寓教于乐,开启"创智时代";丰富情感黏性,增进家庭互动。同时,要求IP融合城市文化,进行属地化专属定制,能代言城市精神,因地制宜地在内涵和文化上相辅相成,成为城市宣传的一张名片。

无疑,作为文化生活运营商和服务商,蓝光文旅有着很大的雄心。相关负责人表示,未来的蓝光文旅,针对人们的精神文化需求,将从科技、智能和移动端等各个方向,提供不同类型并满足市场需求的产品。

未来,精神文化需求在哪里,蓝光文旅就可能走到哪里。

第二节｜两只手卡位现代服务业

▲ 蓝光嘉宝实现科技智慧与人文情怀的融合

2018 年 7 月 25 日，蓝光发布公告称，旗下蓝光嘉宝的股票，自 2018 年 7 月 26 日起，终止在全国中小企业股份转让系统挂牌。蓝光表示，此次申请终止挂牌，系根据蓝光嘉宝的业务发展及长期战略规划调整的需要。

而在蓝光随后发布的 2018 年半年报中，进一步明确：蓝光 2018 年启动了两家子公司蓝光嘉宝和迪康药业①的 H 股分拆上市计划，拟通过资本市场运作，促进公司现代服务业和医药业的可持续发展，创建新的资本平台，实现产业版图的扩张。

物业公司登陆资本市场早已不为鲜见。截至 2018 年年中，已有包括绿城服务②、中海物业③和彩生活④在内的 6 家物业服务企业在香港主板上市。物业公司选择上市促进了企业融资，助推了品牌知名度传播，快速形成了规模效应。

事实上，物业开发企业频频登陆资本市场，主要源于近年国内城镇化快速发展和人均可支配收入增加，不断推动行业深化发展。尤其是步入存量房时代后，开发企业在物业管理服务方面，加快了全国布局步伐。

作为物业管理企业，蓝光嘉宝业绩抢眼。截至 2017 年 12 月 29 日收市，蓝光嘉宝股票总市值为 26.48 亿元，位居新三板挂牌 61 家物业管理企业之首。另据中国指数研究院发布的数据显示，2017 年蓝光嘉宝品牌价值为 23.26 亿元，位居西部物业品牌前列。

---

① 成都迪康药业有限公司，本书中简称迪康药业。
② 绿城物业服务集团有限公司，本书中简称绿城服务。
③ 中海物业集团有限公司，本书中简称中海物业。
④ 深圳市彩生活服务集团有限公司，本书中简称彩生活。

做乘法"换芯"
"生活家"服务体系解决痛点

随着国内城镇化进程加速发展，人均收入水平不断增长，以及人居多重改善需求的释放，物业管理的发展由初级阶段进入快速成长阶段，年复合增长率超过 8%。

事实上，在经济高速增长的中国，物业管理作为一个行业，仅有 36 年历史。在大多数人的认知里，物业等于"保洁+秩序+维修"。

的确，这是物业管理的基础服务。但在电商席卷零售、打车软件普及之后，随着互联网、物联网、大数据、人工智能、共享经济、移动支付等一系列新技术、新商业模式的出现，资本市场和互联网巨头开始关注并布局社区物业管理市场。

这是一个被预估万亿元级的市场。物业管理行业作为社区经济和社区数据的重要载体，势必进入新一轮的商业模式迭代。

这就不难理解，绿城服务、中海物业和彩生活等物业公司在成功上市后的资本市场业绩的不错表现，掀起了物业管理行业并购和上市的浪潮。

蓝光嘉宝作为蓝光旗下的大型物业服务企业，覆盖全国 50余个城市，在管项目逾 400 个，在这一波物业变革的时代浪潮中，迅速拥抱资本市场，调整人才结构，融入"互联网+"元素，成为现代服务业升级转型的尝试者和创新者。

尝试与创新何在？按照蓝光现代服务业集团负责人的说法，线上线下的深度融合抓住了用户"痛点"，为社区最后100米找到切口，通过服务升级带动消费升级，令用户生活得更便捷和更幸福，同时让运营变得更简单。

基于对用户和行业的深入研究，依托互联网技术，结合社区经济大趋势以及物业在社区的天然地理优势，蓝光嘉宝构筑了具有立体化和平台化特征的"生活家"服务体系商业模式。

蓝光嘉宝"生活家"以业主需求为圆点，充分整合社区周边商业资源和平台商家资源，将业主、商家和物业连接起来，搭建了一个以社区服务为中心的智慧生活服务平台，实现经营与服务价值双提升。

为了给业主提供更便捷的服务体验，蓝光嘉宝"生活家"还斥资在所管项目建立体验中心，承载着"线上产品，线下体验"的使命，为实现最后100米极速送达提供基础保障。

这就是线上线下的深度融合。正是因为有这样的深度融合，自2015年7月上线以来，蓝光嘉宝"生活家"目前平台注册用户超过60万个，平台流水超过4.8亿元，专属经营管家1 000多名，社区体验中心超过100家，整合社区商圈超过10万家。

具体来说，蓝光嘉宝"生活家"服务体系这种新型商业模式，有四种特点或者说四种优势。

第一，智慧物业与服务紧密结合，让科技进入生活的每一处。

蓝光嘉宝自主研发的物业服务平台——生活家，具有"一键开门、在线缴费、在线报修、小区公告、投诉表扬、访客邀请"等十大物业核心功能,同时创新性开发出"摇一摇开门、拍照报修、来访扫码登记"等新功能。独特引入的智能安防系统,可以让业主能在移动端随时查看自己房屋的情况,真正进入信息化时代。

第二,加大资源整合力度,成为社区经济的有力载体。

"生活家"构建了基于业主社区生活需求的"生态粮油、送水上门、旅游出行、家政服务、我的邮包、拎包入住"等居家生活服务项目,打造一个虚拟的社区商城,并接入大型垂直平台,为业主提供"专享折扣、团购、节气活动"等福利。这既为业主提供了便捷的生活服务,也为想要进入社区经济体的企业提供了成熟的通道,同时也增强了物业团队的经营能力。体验中心则是社区生活服务的线下载体,是蓝光嘉宝形成"互联网+物业"融合落地的线下关键入口,实现多方共赢,一举多得。

第三,打造文化互动平台,共建和谐邻里关系。

在城市空间和陌生人社会,邻里间的纽带显得非常少,走在路上,或许都不知道旁边的这个人就住在你家楼下。蓝光嘉宝"生活家"在为业主提供产品服务的同时,非常关注邻里友情的建设。"生活家"建立了独立的"邻里版块",包含了"广场、活动、圈子、跳蚤市场"等业主日常生活所需的服务和咨询。这就为业主与业主之间、业主与物业之间的咨询和交流提供了多渠道的服务性互动平台。

第四,打造开放包容、开拓创新、不断升级的平台。

所谓时势造英雄,在这个变革的时代,人才显得尤为重要。蓝光嘉宝以开放创新的人才战略，保障转型升级过程中遇到的多样性问题。面向未来，"生活家"将继续深入挖掘社区经济价值，融入业主的高价值服务需求，如：金融服务、医疗服务、教育服务、养老服务等，让社区成为社会真正的缩影，打造社区与外界连接的服务性通道，给业主更好、更快的物业体验，更周全、更便捷的居家生活服务，全面建立"生活家"社区经营盈利模式。

蓝光嘉宝通过"互联网+物业"的融合，实现了客户数据的价值挖掘和服务业增值，使蓝光嘉宝物业的营收、服务等得以快速提升，这无异于是为现代服务业找到了互联网经济环境中的乘法模式。

在这个过程中，整个蓝光嘉宝完成了由传统物业服务到现代服务业的发展"换芯"。

做加法"焕新"
客户驱动"有温度的链接"

纵观国内物业服务发展路径，物业行业正由劳动密集型、简单劳动提供者，向规模化、集约化、专业化经营的技术密集型、服务创新型的现代物业服务业转型和升级。物业管理的重心逐步从"物"向"人"过渡。

如果说对"物"的服务是可以用成本衡量的基础服务，那么个性化的非标准化服务即可与成本脱钩，从不同群体的需求出发，为不同的人群提供适合他们的服务——这才是未来物业服务的方向。

蓝光嘉宝提出"用心服务生活"的理念，聚焦客户价值。不论是构建的"生活家服务体系"新型商业模式，还是以"金管家服务模式"为核心的差异化服务体系，均以解决用户和物业服务痛点为出发点。

蓝光嘉宝负责人说："做物业不是为了挣钱而挣钱，而要做有温度的链接。"

勿因善小而不为。除了精细化的"金管家"服务模式，以"客户满意是第一目标"的蓝光嘉宝，构建了网格式管家服务，进一步促进了项目运营从服务驱动型向客户驱动型的转变。

蓝光嘉宝负责人表示，在未来，基于"生活家"服务平台，管家不仅是业主居家生活的服务管家，更可能成为业主健康管理、亲子教育等方面的生活助手。CRM 呼叫中心、业主义务监督代表机制、多维度督导管控体系、业主艺术团等服务的再次升级，进而为业主提供更加全方位、立体式的服务。

再好的服务也是由"人"来提供的，怎么确保这种服务提供的动力机制？在蓝光嘉宝，这个问题被转换为：如何充分保障员工的利益？

这其实是让不少大型房地产企业深感头疼的问题。2017 年就有媒体曾爆出，某房地产企业的年终奖金，主要面向企业中高层管理者发放，从而引发了基层员工的不满。

尊重和关心万名员工的个人利益，这样一种理念在蓝光嘉宝的团队管理与建设中，通过一系列机制得以保障。

为了匹配业务发展，蓝光嘉宝建立了相应的职能管控模式，如项目经理合伙人机制，跳高设置目标，赋予项目经理更多职权，分享经营成果，以有效提升项目管理团队的主观创造力和经营意识，使企业管理层级趋于扁平，管控力灵活。

又如，蓝光嘉宝打破传统物业项目工程管理架构与运作模式，实行工程集中化，让维修人员与员工"生活家"平台连接，以实现工单的在线抢单模式。同时，变革原有工程维修薪酬体系，推行"工程维修工时定额制"，多劳多得，奖优罚劣，保障并提升了员工薪酬福利，充分调动了员工的积极性，提高其责任心。在提高决策效率，激发员工主观能动性的同时，突显了"以人为本"的价值理念。

在互联网浪潮之下，物业服务已呈现提档升级的多元化发展态势。在百强企业中，基础物业服务作为物业公司的根本收入来源，占总收入的比例高达83%，却仅贡献了69%的利润；但收入占比仅为17%的配套业务能贡献31%的利润。

这是一种新趋势。持续创新新技术，充分发挥人的主观能动性，让蓝光嘉宝物业管理全面实现信息化、智能化，从而加快转型升级的步伐。

电动扫地车、停车场LED照明改造、水泵节能改造，不但降低运营成本，还提升了物业服务品质。蓝光嘉宝自主研发无人值守停车场智能管理系统，则实现自助收费、动态掌控车场内流动情况等创新。

事实上，在减少人力劳动成本的同时，信息化、智能化的物业管理，也创造出了更为便捷和更有价值的现代物业管理服务。

反过来，蓝光嘉宝不遗余力地在智能硬件方面进行投入，使得社区保持"长住长新"的状态，与业主共同分享社区增值保值的成效，促进了社区的融合互通。

"做有温度的链接"，在物业服务方式、手段和效率提升等方面不断改进，对传统物业服务模式改造，可以看作是蓝光嘉宝所做的加法，这让蓝光嘉宝从形象、服务和品质等方面都实现了"焕新"。

全价值链服务输出
不能增效增收就是"耍流氓"

伴随近年物业服务在整个房地产经济中的价值不断深化，全生命周期物业管理介入对房地产开发价值创造的作用凸显。在市场化的进程中，部分有实力的房地产企业开始探寻全价值链服务输出的发展逻辑。

以品牌房地产企业龙湖为例，龙湖物业根据客户形态和需求的不同，制订包含"前期介入、管理顾问、系统输出、全委管理、社商经营、股权合作"等多种形式的合作方案，以达成充分灵活与开放的市场合作。这种全价值链的服务输出合作模式，在行业内已成共识。

立足于此，蓝光嘉宝以物业服务为原点，纵向延伸房地产产业链价值经营，横向整合客户及社会资源。"一纵一横"独特的商业拓展模式，使得蓝光嘉宝服务业的产业价值全面渗透到房地产开发的前端和整个后期市场。

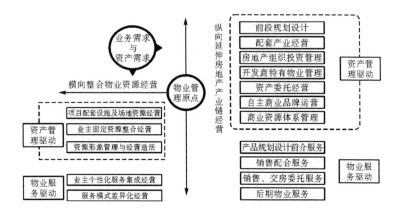

▲ 蓝光嘉宝独特的"一纵一横"商业拓展模式

在纵向延伸方面，蓝光嘉宝以客户感知与后期物业运营管理为导向，通过"生活家服务体系"的构建，持续引进和研发新技术、新方法并导入产品前端，打造"好产品"，增强产品市场竞争力，反哺蓝光地产以实现开发赋能、产品溢价、销售溢价和品牌溢价。凭借前期咨询服务、销售案场服务、金牌物业服务、商业资产经营、蓝光嘉宝"生活家"云平台等，全面介入支撑地产开发全生命周期。

与此同时，蓝光嘉宝将互联网、物联网技术与传统物业服务深度融合，通过自主研发和战略合作等多种方式整合"员工端""服务端""管理端"三端信息化工具，形成"服务云""经营云""管理云"三大智能信息化经营管理体系。

在这个过程中，蓝光嘉宝不断通过自身强大的商业运营能力，升级优势商业模式，为行业和产业链提供了价值增值，与合作伙伴共享智慧科技、规模发展、社区经营、资本市场四大

蓝光智慧云

文旅业务云

旅居数据云

内控管理云

住宅业务云

服务生态云

▲ 蓝光"智慧云"

红利。

　　"这也就逐一击破了不增效、不增收商业模式所带来的伪命题",在蓝光嘉宝负责人看来,"一切无法实现增效增收的商业模式都是'耍流氓'"。

　　打造科技智慧的现代物业服务,并非一蹴而就。这意味着,要将新技术、新方法不断应用于提升物业服务管理的场景中。细致入微地体验日常生活服务中的每个细节,给蓝光嘉宝团队提供了产品创新与升级的不竭源泉。即使是手机移动端一个小功能的上线,其背后都可能会孕育着商业模式的变化。

　　在此基础上,蓝光嘉宝进一步构建"生活家联盟生态圈大平台"发展模式。以平台、股权合作为纽带,高效连接用户、企业和商家,形成一个良性价值闭环生态圈。

▲ 蓝光嘉宝"生活家"服务体系

如今，蓝光嘉宝已成功发展以京东[①]等为代表的战略联盟、优秀同行的企业联盟以及 10 万余精品商家，实现多方共赢。

在横向整合方面，蓝光嘉宝聚焦于物业资源经营。比如，"房屋经纪管理中心"进行存量资产销售和盘活，实现尾盘资源（空置房、车位等）溢价，做大价值。商业事业部专业团队全程进行商业运营管理，提升商业经营价值。最终，要为广大业主、商户带去资产增值的"好服务"，在良好客户粘黏度下，以专业的服务标准，承接更大规模的外部市场。

以"金管家"服务模式为例，蓝光嘉宝结合不同定位的产品和客户需求，分别打造了以"金管家"为核心的四类服务

① 北京京东世纪贸易有限公司，本书中简称京东。

模式。

事实上，针对不同客户群体提供差异化、精细化的服务，以特定领域服务优势，谋求优质市场资源，打造特色服务品牌，提升物业服务附加值，抢占市场份额，成了近年物业服务企业的发展特色。

而客户从中感受到的是"满意+惊喜+感动"，高质量的物业服务进而形成对蓝光品牌的战略支持，为客户忠诚度和美誉度提供品牌加分。

一手做乘法"换芯"，一手做加法"焕新"。蓝光嘉宝凭借技术、平台、全生命周期服务模式的建立与提升，实现了对客户数据的价值挖掘，以及更多的服务业增值，找到了互联网经济环境下向现代服务业转型升级的发展模式。

"做最优秀的上市公司，做百年老店。"这是蓝光嘉宝的目标。

第三节 | 拥抱新经济的两大思维

▲ 蓝光"智慧人居"连接各个生活场景

"新"风扑面。

经济全球性增长困境使新经济引人关注，各行各业也都想搭上新经济快车。对中国房地产市场环境及企业发展而言，亦是如此。

当传统的"拿地—盖房—卖房"商业模式疲软，站在行业洗牌的浪潮之上，房地产市场的新机会何在？房地产企业实现跨越式转型发展的关键点在哪里？

从当前情况来看，各房地产企业抛出不少答案：有掘金存量市场的长租公寓、特色小镇；有享受政策红利的城市更新工程；也有着眼老龄化社会的康养产业；更有当前处于风口浪尖的文旅产业……但上述领域很多仍是传统思维，需要配置高负荷的土地、资本和人力等资源，从长远发展来看，欠缺持续的价值活力。

那么，在新的时代背景下，真正具有新经济思维的房地产企业发展路径何在？蓝光希望从智能化与互联网化这两大领域，寻找高质量发展的答案。

智能化思维之变
共享而不是独占

智能化在房地产行业并不是一个新鲜概念。

近年来，诸多项目都打着智能家居的噱头面世。彼时的智能化领域尚处于初级阶段，表现在对一些家居硬件的控制上，如智能开关、智能窗帘、智能灯光等，尽管简单初级，依然成为不少项目主打的差异化价值卖点。已有不少业内同行意识到，智能化将是一个重要的发展方向和机会，但最先将智能化居住价值引爆的，却是蓝光。

▲ 蓝光"智慧社区"终端"魔镜"

2016年年底，成都"雍锦世家"横空出世。这是蓝光"雍锦系"的重磅之作，在高水准精装、景观、服务、产品设计之外，主打"智慧社区"概念，通过一款名为"魔镜"的智能终端，将室内家居、物业管理、社区安防、增值服务等多个生活居住场景，实现集纳与掌控，提供一套充满智能连接的完整居住方案。

项目一亮相，立即引爆了行业及市场，被认为是"智慧社区"的典范样本之一，成为同行研发"智慧社区"的必看项目。

成都"雍锦世家"项目让市场认识到"智能化+住宅"的价值，原来可以被发掘至如此地步。按照蓝光产品研究院相关负责人的说法，主要体现在两大价值突破点。

其一，颜值高。蓝光"智慧社区"终端"魔镜"，是蓝光在几十家供应商提供的方案中甄选而来，集聚大屏、高清、防水、触屏等功能，美观性上佳，与普通的智能控制终端形成明显反差。颜值高的除了"魔镜"本身，还有一体化按键面板、旋钮式开窗器和各种传感器。这种对外形上的要求，重塑了行业对智能化功能型产品的单一认知。

其二，二次集成的开源性。蓝光认为，智能化最核心的价值在于连接，只有将各个智能生活使用场景连接起来，才能实现智能居住的价值。比如，在蓝光的"智慧社区"网络中，播放音乐、查看天气、家居控制、烟感报警、物业服务、小区安防、邻里交流、电梯预约、医疗预约等多功能场景，都可在"魔镜"上实现集成控制。

值得强调的是，这些智能功能的集成并非一成不变，而是可以不断升级，开放端口给新生需求，正如手机软件可以不断更新一样。目前，"魔镜"的软件已经升级至第十代。蓝光埋下的这个"伏笔"，贴切地诠释了"智能连接"的特征，意味着蓝光的"智慧社区"可与教育、医疗、零售、旅游等多方面的生活服务相连接。目前成都"雍锦世家"项目，已经在"魔镜"上接入顶级医疗资源专属通道，实现了"智能+医疗"的结合。

实际上，看到智能化价值潜力的房地产企业不止蓝光一家，但为何蓝光却能成为"智慧社区"的引领者？回顾蓝光"牵手"智能化的思考轨迹，一个核心的新经济式思维方式

——共享，起了重要作用。

　　传统的房地产思维要求各种资源都集中在房地产企业手中，由房地产企业提供所有产品与服务。当用这种传统方式做智能化时，便面临寸步难行的尴尬局面。房地产企业只是一味地采购配置智能设备，而没有看到智能化带来的真正价值在于连接——连接各个场景、资源与服务。

▲ 蓝光"智慧人居"应用在住宅的每一个细节

　　蓝光的"智慧社区"绝不是控制设备这么简单，而是建立一套"住宅+服务"的体系。在蓝光看来，智能化需要企业有胆量转变思维方式。毕竟，这不是一家独大的时代，而是一个多方共享的经济环境。在这套体系中，蓝光只是一个平台发起者和建立者，让医疗、教育等外接服务由更专业、更优质的机构来提供，让各领域最好的服务提供者聚在一起，满足业主各方面的需求，实现利益共享，这才是"智慧社区"带给业主最大的好处。

　　的确，卖产品户型的时代已经过去，服务才是未来市场的核心。或许是基于思维方式的转变，蓝光才能比其他企业更快地迈出一步。

互联网思维之进
得用户者得天下

2017 年 7 月 17 日，蓝光全资控股互联网业务子公司蓝裔科技成立，标志着蓝光在互联网领域迈出重要一步。

该消息立即引发行业普遍关注。要知道，鉴于房地产市场买卖的特殊性等因素，"房地产+互联网"的故事，除了网上卖房以外似乎并没有太多内容可讲。像蓝光成立全资子公司深耕互联网的案例，实属罕见。其背后的胆量来自何处？

据蓝裔科技负责人介绍，蓝裔科技的业务构成，主要分为两大部分——营销线与服务线。

▲ 蓝裔科技的业务构成

所谓营销线，即为行业普遍认知中的互联网房地产营销，全集团所有项目的互联网销售与投放，均由蓝裔科技统一负责。从表面上看，这与其他房地产企业的网络卖房并无大异，实际却大有乾坤。

一方面，由于蓝裔科技在上游端统一整合了所有的媒体资源和投放渠道，能以更低的价格集采资源，降低营销成本。另一方面，作为一家互联网公司，蓝裔科技的成立招揽了占据80%以上的互联网巨头企业从业者，建立了一套属于蓝光自己的智能数字化投放数据库，这成为蓝裔科技独有的数字营销核心竞争力。

简单来说，这是一套利用大数据做判断的精准投放平台。先根据项目定位描绘出诸如"80后""已婚"等客户群体画像特征，再将该标签信息在蓝裔科技的数据库中进行搜索匹配，把符合上述标签的目标人群及其惯用的网络工具筛选出来，最后再有针对性地向锁定人群投放项目信息。这套从客户到营销的倒推逻辑，完全扭转了过往垂直媒体"广撒网，不聚焦"的方式，它更具有针对性与精准性，同时在传播范围上却更广泛，接受度更高。

事实证明，这套方法完全可行，蓝光2017年的营销费用下降超过1%，其中90%都归功于推广费用的下降。

除了线上推广，针对案场营销和线下客户接待等环节，蓝裔科技也形成一套相对成熟的解决方案。尤其是客户到访管理系统颇有新意，与网约车派单类似。置业顾问与到访客户设有双向互评机制，综合表现更好的置业顾问将由系统优先派单接待客户，获得更多客户资源的同时，确保更高的到访转换率。这极大提升了销售团队的管理效率与质量，提高了客户体验感。目前，这套具备互联网特征的营销系统已应用于蓝光的试点项目，2018 年年底之前，将普及至蓝光的所有项目中。

如果说营销线是蓝光针对置业群体将房子卖出去，那么，蓝裔科技的另一大业务——服务线，则是着眼于庞大的存量业主群体，解决房子卖出去之后"60 年+"的居住问题。

一般而言，房地产的售后服务均由物业完成，但目前单纯依靠物业实现居住品质跨越式提升的时代已经过去。未来的居住将是"科技+服务"的需求市场，人们对服务的边界需求越来越广泛，包括装修、零售、健康、教育、旅游、酒店等多方面，这要求的不仅是小区内部的物业服务能力，更是整个房地产企业对服务资源的连接能力，即互联网性。

在蓝光的规划布局下，蓝裔科技在服务领域已有完善的布局规划路线。

在线上，已研发面市一款名为"至尚"的手机软件，提供包括装修、家具、家政等优质商家资源，其中不乏与蓝光有深度合作的优秀供应商，直接向业主提供更高性价比的服务内容。同时，该手机软件也通过蓝光自身的资源集纳谈判能力，向业主提供诸多权益类服务。

在线下，蓝光计划利用项目的公共空间提供服务，包括无人便利店、健康管理中心等，让互联网与房地产的结合更深入。

梳理蓝裔科技的这两大业务构成，不难发现均具有一个显著特征，即围绕客户做文章。无论是购房者还是业主群体，都是从客户身上找需求点，倒推研发和提供相应的产品和服务，这就是互联网的核心思维：用户思维。

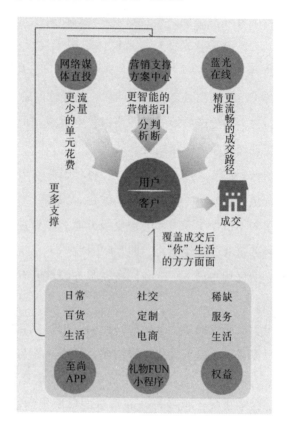

▲ 蓝光互联网思维的核心是用户思维

　　"以前是卖完房子就结束，现在我们希望是卖完房子才开始，这就是用互联网思维来服务业主。"蓝裔科技相关负责人称，正是基于这种新视角与新思维，蓝裔科技在公司内部将这两大业务称为"新营销"与"新服务"。

"智能化+互联网"
拥抱新经济的蓝光如何变现

无论是布局智能化，还是深耕互联网；无论是共享经济，还是用户思维，目前来看蓝光的主要服务对象均为公司内部与自身业主。这对于耗费大量财力和物力的布局投入而言，似乎有悖于商业逻辑上的投入产出比，对此蓝光早已思考出商业模式。

纵观蓝光在新经济领域上的布局，会发现蓝光已经形成了自己的两个核心市场竞争力。

其一，为"智慧社区"的"魔镜"开源软件。

"也许会模仿研发'魔镜'这个硬件的企业有很多，但这个硬件背后的开源软件，才是真正的核心价值所在，而蓝光已经完成布局。"蓝光相关负责人表示。这意味着，在这个开源软件每次被房地产企业广泛应用的同时，蓝光便开始收获其带来的市场利益。

蓝光对于智能化的商业设想还不止于新房市场，未来蓝光还计划形成一套成熟的"智慧社区"搭建与管理系统，做"智慧社区"咨询管理服务的输出与落地，帮助物业管理公司获取更多存量市场，形成独立的市场价值。

其二，为蓝光的"新营销"提供解决方案。

从成立之初，蓝裔科技便规划了一条完全市场化的运作路径。在公司内部成功试验后，蓝裔科技将开始进军市场，把这套营销逻辑推向其他房地产企业，尤其是针对规模比蓝光小的中小型企业做营销管理输出，提供线上和线下一整套解决方案。

先投入布局，公司内部运作试验，再形成核心竞争力对外输出，最后进入资本市场独立运作，这大概就是蓝光对于新经济的完整拥抱轨迹。

事实上，对于资金流巨大的房地产企业而言，这种"细水长流式"似乎并不符合企业的收益要求。但近两年，随着蓝光"同心多元化产业生态链"战略发展的需求，越来越多的行业、资源和平台需要有所连接、聚合，方能创造出更大的价值。

从长远角度来说，在互联网和智能化这两大新经济领域的布局，势必会在蓝光未来的发展中发挥关键作用。

第四节｜生命黑科技的实业基因

▲ 蓝光在生命领域孕育"3D 生物打印"的黑科技

蓝光英诺成立于 2014 年 9 月 16 日，是蓝光旗下以自主研发的核心引领技术，推动 "3D 生物打印" 全球应用的高科技技术服务公司。国家首批 "千人计划" 特聘专家、美国毒理科学院院士、四川大学再生医学研究中心主任康裕建，担任公司首席科学家和首席执行官。与康裕建的 "牵手"，为蓝光在生命科学领域的黑科技探索，提供了强大支撑。

2015 年年底，蓝光明确地提出 "人居蓝光＋生命蓝光" 双擎驱动的战略顶层设计。

通过对 "生命蓝光" 战略板块的深度溯源，不难发现，正因为秉承着 "为生命赋能" 的实业精神，让蓝光找到了新的进化和生长方向。这种企业战略确立的初心和过程，同样带给业界一种新的启示。

选择
以实业精神，谋双擎驱动

市场趋势的变化，给企业带来考验，也提供了更多可能。

2013—2015 年，企业融资成本走高，房地产企业借壳上市短时间内开闸，这一系列经济环境和政策因素的变化，让房地产企业总结出一条生存法则：只有走规模化道路，才能更好地应对房地产市场的周期风险，以及用更具说服力的企业信用背书去打开融资渠道。

做规模，就意味着对现金流、资金和资产总量的要求提高。借助资本市场的力量，成为绝大多数房地产企业想尝试的发展路径。

不可否认，资本运作的扩张模式和"小步快跑，快速迭代"的互联网思维，深刻地冲击和影响了房地产行业的发展生态和游戏规则。

2012 年前后，蓝光再次开启全国化步伐，也面临这样的考验和选择。

众所周知，蓝光谋求上市的这个动机，早在 2007 年左右就已经萌发，并且坚定地"锁定"通过重组四川迪康科技药业股份有限公司来实现梦想。2015 年，房地产企业通过重组方式实现借壳上市的通道打开，蓝光成为第一家顺利通过审批的房地产企业。

大多数通过资产重组实现借壳上市的房地产企业，都在资产重组阶段，对壳公司的原有业务板块，进行了"洗心革面式"的整合，完成上市和股票更名之后，就再见不到之前壳公司的经营痕迹。引人关注的是，蓝光始终保留着原迪康药业的制药业务，并且在随后的发展过程中，进一步战略性地上升至"生命蓝光"的高度，成为驱动企业更健康发展的重要基石。

资本并购领域的专家对蓝光的做法赞赏有加。因为这契合国家战略导向，顺应大消费升级以及生命健康产业发展的趋势。

而在老蓝光人看来，这是顺理成章的事，因为蓝光控股集团董事局主席杨铿是做机械出身的，对技术类的新鲜事物特别感兴趣，身上有着鲜明的实业报国情怀。蓝光在重组四川迪康科技药业股份有限公司七年多的长跑中，早就已经烙下了实业报国的企业家精神印记。

正因为如此，完成重组上市后的蓝光，将原来的迪康药业医药板块，升级为"生物医药"，和蓝光英诺一起，组建蓝光生命科技集团。"人居蓝光+生命蓝光"的双擎驱动战略水到渠成。"3D生物打印+生物医药"的创新支柱产业，构建起"生命蓝光"的战略分支。

模式
"企业家+科学家"的合璧

那些经营业绩不佳和股本规模不大的医药类上市企业，成为资本市场上追求的壳资源。问题是重组之后，原有医药产业要不要发展？又如何发展？

蓝光在完成重组之后做出了不同的选择，是因为在确立"双擎驱动"战略的基础上，找到了一种有效推进相关产业发展的新模式——以"核心技术+资本""企业家+科学家"的"双+"合作模式，来提升蓝光在生物医药和生命科技板块的创新能力。

在蓝光生命科技集团负责人看来，"生命蓝光"逐步确立为战略板块，并找到有效推进的发展模式，既可以说是一种机缘巧合，也可以说是不谋而合。

当时蓝光有个基本判断，医药行业当前属于国家政策大力支持的朝阳行业，同时生命科技正在不断突破，面临前所未有的机遇。因此，蓝光确立了"企业家+科学家"的发展助力模式，着力提升生命科技板块的创新能力和渠道能力。

　　要提升这两个能力，需要与创新性的外部资源合作。在那个时期，蓝光广泛接触了很多医药领域具有创新性的技术或正在寻求生产转化的项目等，而碰到正好从海外回来的国家"千人计划"首批专家学者康裕建，则是一种机缘巧合。

　　当时，康裕建教授主持的"3D 生物打印"项目创新性太强，在整个医药行业没有参照物，没有可比性。要知道，在 2015 年，3D 打印技术也仅仅是极少数企业接触过的一种创新，而且房地产企业对其最初的运用，不过是建筑模型或构件通过 3D 打印的方式来完成制造。

　　康裕建教授大胆地设想运用 3D 打印技术来实现人体器官的再造，并且在较短的时间内，就完成了"3D 打印人工心脏"在动物体上的试验。在解决"3D 打印人体器官"在移植过程中最为复杂的血管问题上，蓝光英诺研发团队也通过干细胞技术，制造出可以供干细胞定向分化生长的"生物砖"。这一成果具有全球首创性，为"生命蓝光"板块迎来了备受医药界、资本市场和科技领域关注的高光时刻。

　　此外，蓝光英诺正在进行更多领域的创新尝试。这些尝试，包括创新的药物、生物技术和医疗器械等内生式创新，同时也包括一些外延式的创新合作。

　　蓝光相关负责人表示，完全不排除有这种合作的可能性。现在，蓝光英诺生产园区，几乎每天都有前来寻求合作的伙伴。蓝光英诺生物科技未来到底还会做出什么样的产品，在哪些领域深耕，并确立起领先优势，非常值得期待。

未来
站在风口上，为生命赋能

"站在风口上，猪都会飞起来。"小米创始人雷军的这句名言，可以说是道出了企业寻找新的增长点，围绕市场最关心的题材去讲故事的根本原则，在房地产市场也是如此。

当"互联网+"成为市场最关注的题材时，房地产企业就开始在销售端、物业服务端、智能化方面讲故事。当文旅产业、特色小镇成为最重要的题材时，瞄准这些领域的房地产企业也就越来越多。

无疑，以"3D生物打印+生物医药"为创新支柱产业的"生命蓝光"，同样站在了巨大的风口上。

目前在全球"支架"和"人工血管"的市场，具有千亿美元规模。"人工血管"的市场规模，也有百亿美元左右。而且，这个市场的潜在需求还将被新技术和新产品的出现而大量激发出来，未来极有市场。

目前，全世界范围内死亡率最高的疾病不是癌症，而是像心血管疾病一类的慢性病。慢性病的治疗对每个国家来说都是一件非常头疼的事情，例如高血压、高血脂、糖尿病等，一旦患病，患者就需要终生服药，政府用于这方面的医疗保险开支非常巨大。因此，全球很多科学家都在做干细胞技术研究。

据介绍，如果蓝光英诺的"3D打印血管"和"生物砖"技术进入临床应用，可以实现让患者在血管刚刚开始堵塞时就进行根治。通过剥离斑块,将蓝光英诺"生物砖"放上去,新的血管就长好了。这本质是基于干细胞技术的一种创新技术,而干细胞技术被公认为是下一代医药技术的核心。

这样的前景,尽管充满了不确定性,但无疑是令人振奋的。

蓝光英诺在干细胞技术领域取得重大技术突破的"3D 打印血管"和"生物砖"技术,在未来有望为人类的健康生命赋予更强能量。以此为核心技术和创新支柱产业的"生命蓝光",也在为整个蓝光的企业发展,进行着更强的赋能。

价值
"生命蓝光"值得期待

▲ 蓝光控股集团创始人
杨铿谈"生命蓝光"

上海证券报"价值发现"主题调研系列报道组走进蓝光,对蓝光控股集团创始人杨铿进行了独家专访。

在两个多小时的访谈中,杨铿用平实而真诚的言语,向记者描述了一个在医疗领域不懈追求创新、力推共享共赢、不断创造价值的新蓝光。

下文为记者程培松、徐锐、李少鹏于 2018 年 8 月 16 日在《上海证券报》发表的文章(本书中编者有修订)。

惠民情怀催生"生命蓝光"版图

作为蓝光两大核心板块之一，"生命蓝光"是以"3D 生物打印+生物医药"作为战略分支的创新支柱产业。其中，"3D 生物打印"是"生命蓝光"的核心优势前沿产业之一，由控股子公司蓝光英诺主导实施；"生物医药"分支则以另一控股子公司迪康药业为承接平台。

"我年轻时就有一个梦想，就是建造一家最好的医院，让患者能够尽可能减轻痛苦，接受最好的治疗。这可以说是我从事医疗大健康产业的一个情结。尽管蓝光初期的经营重心以房地产为主，但公司成立以来一直都在寻找、接触具有创新性技术的医疗、医药项目，直到遇到了老康。"谈及发展"生命蓝光"的最初构想，杨铿回忆道。

杨铿口中的老康，是在医学界大名鼎鼎的康裕建教授。康教授是国家特聘专家，主要以"重建创伤信号系统"与"修复心血管功能"为重点突破目标，解决再生医学中关键理论与技术问题，实现再生医学在临床的应用。

康教授目前担任蓝光英诺的首席科学家和首席执行官，旨在通过蓝光英诺这一平台将其多年来的干细胞与再生医学相关研究成果转化成真正造福人类的医学技术。

据杨铿介绍，一次机缘巧合，他结识了康裕建教授并进行了深度交流。"老康很厉害，当时见面时，他说他这十几年来就做了一件事，就是专注于再生医学和干细胞领域的研究。然后听了他描述'3D 生物打印'的颠覆性创新技术和广阔的市场前景后，我动心了。"杨铿坦言，由康教授主导的"3D 生物打印"技术具有非常高的创新性，为此他专门买了很多相关书籍来"恶补"专业知识，随后他更加坚定了投资"3D 生物打印"的决心和信心。

"双+"合作模式力促科研成果转化

杨铿之所以能够和康裕建教授"一拍即合"，另一个深层次原因是杨铿一直对于新技术尤其是具有颠覆性、创新性且真正能实现技术转化的"黑科技"充满了兴趣。

"我 20 多岁在国企任职时便从事研发，我那时就特别关注技术的应用性。"在杨铿看来，早年一些科研机构以及大学的专家、教授虽然沉浸于技术研究，但科研成果转化率并不高。

杨铿始终认为，科学家的技术研究一定要与应用转化相结合，否则就是纸上谈兵。他说："从另一个角度来看，科学家一项创新技术、想法的转化，更需要资本的支持，'技术+资本'的结合往往能够事半功倍。尤其是一些顶尖的科学家，其对技术的研发创新非常执着，心无旁骛，更应得到资本的全力支持，从而推动项目落地，创造价值。"

这一想法，也成为杨铿在以后所独创的"技术+资本""科学家+企业家"的"双+"合作模式，即发挥企业家、科学家的各自优势，为科学家全身心投入研发创造各种有利条件，再借助资本的力量充分实现相关科研项目的技术转化。

有了蓝光在资本等方面的鼎力支持后，蓝光英诺的"3D 生物打印"技术研发项目也不断获得进展。

目前，蓝光英诺已经建立了包括"医疗影像云平台、生物墨汁、3D生物打印机和打印后处理系统"四大核心技术体系。

以此为支撑，蓝光英诺在2017年启动了"3D生物打印血管"项目FDA临床试验申报，且根据FDA技术指导意见，完成了"3D生物打印血管"临床应用标准化，并在恒河猴"3D生物打印血管"在体实验成功并持续观察的基础上，开展大动物（猪）体内"3D生物打印血管"移植实验，目前相关实验进展顺利。

截至2017年年底，蓝光英诺已提交专利申请99项（其中31项已获授权），获得软件著作权登记证书7项，商标证书103项。[①]

凝心聚力共享广阔市场空间

"一起创造，勇于担当，共同分享"是蓝光人的企业文化。作为蓝光的掌舵者，杨铿将公司从最初的一家汽车零配件厂，发展成为一家市值过百亿元的多产业布局上市公司，杨铿深谙"共享共赢"的企业经营之道。

"我们在公司层面实施了股权激励，蓝光英诺包括康教授在内的核心科学家们同时也是股东，目的就是让各方结成利益共同体，从而进一步激发员工的积极性和创造性，共同分享企业的每一个发展成果。"杨铿说。

---

① 截至2018年6月底，蓝光英诺已提交专利申请145项（其中41项已获授权），获得软件著作权登记证书7项，商标证书103项。2018年上半年，蓝光英诺获得3项"生物砖"核心专利授权：用于生物打印的"生物砖"及其用途、使用"生物砖"制备构建体的方法、一种包含内皮细胞的"生物砖"及其用途。

尽管不参与"3D 生物打印"具体项目的研发工作，但杨铿对于蓝光英诺所研发的项目却有着深刻而全面的了解。"人的血管就如河道，当问题发生时往往是其中某一段出现老化或发生坏死。而不同于传统技术待血管发生问题时才被动应对，利用蓝光英诺的技术可提前预判患者可能存在的疾病隐患，并将其中有问题的部分更换成'3D 生物打印血管'。"杨铿进一步强调，蓝光英诺通过"3D 生物打印"得到的血管，其结构和功能均与实验动物自身血管一致。

其原理实际上是通过蓝光英诺具有自主知识产权的"3D 生物打印"系统，将从患者脂肪组织中提取的干细胞通过运用"3D 生物打印"技术，打印成"组织前体"，然后植入体内，随后在体内微环境的诱导下，实现植入"组织前体"的分化，最终完成血管再生。

而对于蓝光英诺未来的商业模式，杨铿也有着清醒的认识，并提出了多种方案："届时，我们可以与符合相关资质和条件的医院合作，采取分成模式进行'3D 生物打印血管'的生产销售；或者由蓝光英诺输出设备、技术等，由医院从事'3D 生物打印血管'的操作，公司收取相关专利费和技术费等。"

目前，"3D 生物打印血管"项目已在恒河猴、大动物（猪）体内实验获得了阶段性成果。可以想象，若该项目最终获得突破并取得成果，未来将为全球数以亿计的心血管疾病患者带来新的希望。

"进入'3D 生物打印'领域，我们不是想赚更多的钱、获更大的利，我们更想将这项创新技术真正应用在临床医疗领域，推动整个人类健康产业的发展。"在采访尾声，杨铿拿起手中有关蓝光英诺的宣传册告诉记者，蓝光英诺将以推动人类健康长寿为使命，通过输出技术、输出标准、输出管理和输出模式，开创"以人为本"的健康产业新模式。"我们不仅是这么写的，未来也会按照这个目标一直做下去！"

第 5 章 动力

在很大程度上，经济的发展质量，取决于人力资本的质量。房地产行业的激烈竞争，首要的表现即是人才竞争的水深火热。

怎样才能为企业的快速增长和高质量发展，提供强大有力的人才支撑？蓝光的答案在八个字——人才为王，人在事先。

这意味着人力资源配置，成为蓝光所有链条的第一环节。"人力资源是推进公司发展的第一生产力"作为蓝光人才战略，从招贤纳士、选贤任能和人尽其才等环节得到坚决落实。"匠人计划""盘古计划""光之子计划"三大人才计划层层推进，形成威力巨大的"组合拳"。"将军是打出来的"，每个蓝光人都有脱颖而出的机会。

同时，这体现了蓝光对人才的尊重和价值兑现。处于目前行业最高水平的股权激励，最大化激发管理层和核心骨干的主人翁意识。"蓝色双享"的合伙人跟投机制，最大限度地激发全员战斗力，让人人都穿上"黄金战靴"。

房地产行业中"最懂经营的 HR"，这一标签其来有自。

第一节｜八个字的人才哲学

▲ 人力资源配置是蓝光所有链条的第一环节

"一个公司跨地域经营的时候，就是它噩梦的开始。"这绝不是危言耸听。在房地产企业扩张的背景下，人力资源最重要的使命，就是保证企业扩张之路顺利铺展，不要让噩梦发生。

细数房地产龙头企业，强者恒强趋势愈演愈烈。加速土地储备，加速城市布点……各大房地产企业都在试图用规模化来巩固自己的市场地位。高度的行业集中，让房地产企业的队伍不断壮大，TOP10的门槛也在节节攀升。

人才建设的问题，由此成为摆在各家房地产龙头企业面前的一道难题。蓝光也不例外。

事实上，"规模与利润并重，追求高质量增长"的企业发展目标，给蓝光的人才建设提出了更高的要求。

怎样才能为企业的快速增长和高质量发展，提供强大有力的人力资源支撑？人才为王，人在事先——这是蓝光在近几年的实践中，给出的卓有成效的答案。

招人才
三大计划层层递进

对房地产企业来说，无论是规模化竞争，还是产品质量竞争，甚或是企业利润的比拼，归根结底，是人才的竞争。

一方面，房地产业对人才的需求持续走高，且需求远大于供给。如果说，市场对专业人才的需求量过去是100人，现在则是1 000人。另一方面，却是从业人员工作难找。据说有地产营销人投了80份简历才获得一次面试的机会。这就产生了大量房地产从业人员再就业难和房地产企业招人难的矛盾。

　　而房地产龙头企业要实现更高的目标，就更需要一支能打硬仗的队伍。外部人才的招聘筛选和内部人才的培养选拔，都变得非常重要。

　　在人才外引上，我们看到，万科招募全球精英的"百将计划"，保利为公司后备管理人才做准备的"百帅计划"，以及碧桂园的"未来领袖计划"等。

　　在这些贴上高薪、领袖、精英等光环标签的计划背后，是仍然不被满足的巨大人才缺口。三年前的蓝光，也来到这样一个关口。

　　2015 年 4 月，蓝光发展上市（证券代码：600466，SH）。彼时，蓝光的主战场还集中在西南，到 2018 年 10 月，蓝光已经实现了 17 大区域 50 余个城市的全国布局。同时进行的，还有蓝光的产品转型和企业战略升级的同步展开。

　　这些系列举措的背后，当然是对精兵强将的批量需求。

　　经过三年的人力资源建设，蓝光对此已能够从容应对。比如，2018 年 5 月和 6 月，蓝光在全国范围共计拿下 40 余个新项目，无一例外实现了项目确权。当天，项目总经理、设计、外联、工程等六大负责人的红头任命文件 100% 下发，除了一些后置岗位外，所有员工在确权三天内全部到齐。

　　蓝光的人才哲学，被总结为八个字——人才为王，人在事先。

　　事实上，人力资源配置成为蓝光所有链条上的第一环节。蓝光基于公司整体发展战略，通过有效分解，制定了"人力资源是推进公司发展的第一生产力"的人才战略。同时,人力资源的支撑扎实落实到经营环节的痛点上,确保了经营的顺畅。

通过搭建可持续发展的人才机制,外招和内选双管齐下,蓝光目前已经实现每年引进和培养数以千计的人才。这已成为一个非常值得探讨的行业话题。

蓝光外招的人才举措主要有三个:"匠人计划""盘古计划""光之子计划"。三大人才计划的层层推进,好比一套形成合力的"组合拳"。

匠人计划

顾名思义,这是基于产品竞争力出发的计划。2015 年蓝光上市后,敏锐地嗅到了市场变化,并迅速做出了产品战略调整的判断。当时的蓝光,生产刚需型产品的能力很强,必须重构团队能力才能实现产品转型。这便诞生了"匠人计划"——一批做改善型产品的能手进入蓝光。

伴随"匠人计划",蓝光建立了"雍锦系"和"公园系(现为林肯系)"两条改善型产品线,并且提出了"一城一标杆"的目标。在擅长改善型产品的人才加持下,合肥"雍锦半岛"、苏州"雍锦王府"、成都"雍锦世家"等各个项目很快受到了市场认可。

盘古计划

关注核心高管团队的打造,强化领军人物的能力,为实现更高目标夯实人才基础,这就是"盘古计划"的初衷。

迅速开放一批高管岗位，以此吸引各领域的专业管理人才，是"盘古计划"的第一步。比如，目前蓝光各业务板块的总裁、营销副总裁等级别的高管，在各自的领域都是属于行业创新型人才。

"盘古计划"的触角，不再只停留在地产领域，按照蓝光"同心多元化产业生态链"的发展战略，一批文旅、互联网、教育、投融资等领域的人才，纷纷被蓝光收入麾下。

光之子计划

如果说"匠人计划"是夯实人才基础，"盘古计划"是加强领军人才配置，那么"光之子计划"就是面向未来，为建立人才密度而采取的战略性举措——从"985"和"211"高校，有计划和有目的地招聘潜力人才。

这些应届毕业生被分为三个梯队——朝阳生、光芒生和鲲鹏生，每年招聘 400~500 人。朝阳生为营销输送人才，光芒生培养各条业务线的专业人才，鲲鹏生则是骄子中的骄子，不仅只在几所国内一流名校选拔，并且都定向针对学生会主席等人才，他们的方向性非常明确——蓝光未来的管理层人员。

在 2018 年的招聘计划中，朝阳生和光芒生达到了 1 000 人的规模。

而人才建设绝不是一朝一夕的事情，比如"盘古计划"，到 2018 年年中，就已经进行到第六期。

不破不立，边破边立。蓝光在这几个短期和长期人才计划的"破与立"的分层级配合和整体部署下，从中高层的管理人员，到业务专家和优秀骨干，再到高潜质的新生力量，形成了良好的人才发展模式。既能支撑当下的业务所需，也能够为未来中长期的发展提供强大有力的人力资源支持。

这就是蓝光在转型中"战略驱动业务，业务驱动人才"的人才构建逻辑。

选人才
千军万马上战场

人才外招，几乎是眼下房地产企业快速解决人员紧缺问题的主流方法。企业认同度的问题也就应运而生，房地产企业人员流动性大，已经是行业公开的认知。

2018 年年初，明源地产研究院总结了地产从业人员跳槽的十大原因，综合起来无外乎四个方面：①收入低；②没有发挥空间或平台不好；③企业管理混乱；④加不完的班。为了留人，各房地产企业纷纷出台各种激励制度等，变着法地提高收入。

但这并不能改变房地产业人员流动性大和跳槽率高的事实。2017 年年初，广州日报所做的十大行业跳槽意向调查中，房地产业以 14.7% 的意向跳槽率高居榜首。

因此，怎么留住优秀人才，是很多房地产企业面临的共同问题。

与此同时，随着地产金融化和产业布局多元化等企业发展

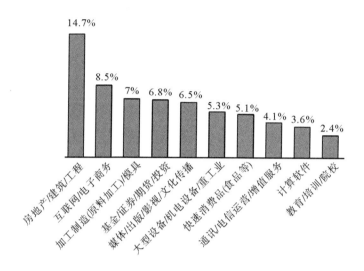

▲ 2017 年春节后跳槽意向最大的十大行业①

模式的转变，地产行业对于人员的需求侧重已经发生了根本性变化，即对人才能力的要求越来越趋向于综合性和全面性。这导致行业出现从业人员跳槽频繁和优秀人才难找的悖论。

因此，怎么培养优秀人才，是很多房地产企业面临的重要问题。

蓝光当然也存在人员流动的问题，而在"同心多元化产业生态链"战略之下，对于人才的需求标准也更为苛刻，但蓝光也为此准备了充分的应对机制。

首先，所有的外招人员，无论是高管还是普通员工，无论来自哪个行业，曾经的履历有多光鲜，进入蓝光都必须先经历为期三天的"入模子"培训，以学习企业文化为主，这是建立

———————————

① 数据来源：《广州日报》。

企业认同感的第一步。其后，蓝光制定了优于同行业的股权激励机制和"双享计划"，让优秀人才成为事业合伙人。再则，针对有些企业不能人尽其用的问题，蓝光采取给平台、给责任、给权力、给资源的态度，让外招专业人才迅速成长，充分激发工作热情。

与此同时，蓝光逐渐转向从内部选拔人才。

2015—2016 年，蓝光在外招和内选的人才比例上，基本上是 7∶3。这期间，内部员工在外来专业人才的指导下，也得到了锻炼，迅速成长起来。2017 年 1 月—2018 年 6 月，两者的比例逐渐维持在 5∶5。而蓝光的人才战略规划是，到 2020 年，把这个比例调整为 3∶7，并且以此作为结构稳健的、可持续发展的人才战略。

内部选拔人才，培训是很重要的途径。

虽然蓝光培训学院在 2017 年年底才正式揭牌，但实际上类似的举措在十年前就有了。除了前面提到的"入模子"培训外，培训学院包括三个不同的培训班：铸剑班、启航班和新锐班，培训内容则完全摒弃了理论式教学模式，而是采用了哈佛商学院的案例式教学模式。

铸剑班是储备并培养"区域负责人""城市负责人"的专项计划，训练的是从投资到产品再到运营，以及领导力等全方位的能力，并且全部是实战沙盘演练，有严格的纪律考核和答辩。在"九宫格"评价中，一旦评价排名靠后，就将面临淘汰。而且，连续请假两次，就直接开除，没有任何情面可讲。

启航班是储备并培养"项目负责人"的专项计划，通过项目全链条开发和经营的沙盘演练，进行选拔。

新锐班则是储备并培养各职能条线、各区域、各经营单位基层管理者的专项计划。

另外，蓝光培训学院是如何选拔人才参与培训的？都有什么样的标准？答案很简单：不搞普惠制，而是聚焦关键岗位，培养关键人才的关键技能。

在蓝光内部，人力资源的选拔原则叫作"千军万马上战场"，每年都会有几次选拔。内部人员报名之后，先有个类似于高考志愿的派遣意愿申报，那些愿意被派往全国各地的报名者，以及个人发展意愿与企业战略高度吻合者，自然会被优先录取。这就为蓝光的全国化布局扫清了人才欠缺的障碍。

用人才
懂经营的 HR 才是好 HR

通过三大人才计划和三个培训班，蓝光顺利建立起有效的人才循环体系，能够保证及时输送可用之才。

当然，蓝光的人力资源顶着地产行业中"最懂经营的 HR"标签也并不容易。

在很多人看来，人力资源只是一个行政职能岗，不少房地产企业的人力部门自己也这么认为。所以，通常在房地产企业的部门链条上，往往以投资为先，人力资源被放在末端。

这绝对是对房地产人力资源最大的误解，也是不少房地产企业人才建设难以实现突破的根本原因。

行业在发展，规模化、高周转对于人力资源的需求，质和量都大大提高，也提出速度的要求。放在三年前，拿地两个月开工，五个月开盘都叫快；而到 2018 年，万达、碧桂园等企业，更是已经实现了拿地即开工的节奏。这种效率也是拉开房地产企业之间运营周期差距的主要因素。

正因为如此，人力资源的配合，已经从跟进变成了前置，而且必须做到提前储备，主要负责人提前到岗。蓝光的人力资源前置，在业内尤为突出，而且在蓝光近年的高速发展中，起到了积极的作用。

在蓝光，人才被放在了经营链条的第一个环节，接着才是投资、融资。作为链条的龙头，HR 不懂经营在蓝光内部是不被允许的。

城市公司不断开启新项目的同时，对于人力资源的考验和考核就来了。投委会通过获取项目决策的当天，项目负责人、外联负责人和设计负责人等人选就必须确定。项目确权当天，项目总经理及工程、产品、外联等部门负责人必须当天任命。一周之内，营销、置业顾问等剩下的职位必须 100% 到岗。

那么，蓝光的人力资源构建是如何实现这一快速高效的人才支撑的呢？

蓝光的人力资源不仅已嵌入经营的各环节，并且还把工作做在前面。"各区域本周将增加哪些新项目？哪几个项目比较可行？这周过预审会通过哪几个项目？投委会什么时候开的？通过了几个项目？"所有和战略布局有关的情况，蓝光的人力资源都能做到了如指掌。

　　人力资源随时跟进项目进展，并通过前面所讲的各项人才计划，围绕区域构建战略储备资源池，一个区域随时配足两个项目的人员，以备不时之需。

　　客观来讲，蓝光近年的产品竞争力、投资能力和运营能力，都向房地产业展示了一个完全不同于过去的蓝光，其中，人才建设起到了极大的推动作用。

　　2015 年以来，蓝光在人才建设上，不断寻找行业内的学习参照物，同时还向各行各业学习。如今的蓝光，其人力资源已经支撑起了企业的高质量发展，已然是具有行业研究观察价值的一个样本企业。

第二节│让人人穿上黄金战靴

▲ 蓝光"蓝色双享"激发全员战斗力

过去，媒体在报道企业高管薪酬水平时，高频词是"打工皇帝"，概因收入破千万元的高管算得上凤毛麟角。

近年来，越来越多的上市公司大手笔推出股权激励，"天量分红"屡见于公告。2018 年 4 月底，A 股上市公司 2017 年年度报告落下帷幕，共计有 3 477 家公司披露了高管薪酬情况。从绝对数来看，金融业和房地产业高管年度报酬均值破千万元，个个都堪称"打工皇帝"。

"黄金战靴"上脚，必须奔跑不懈。薪酬数字令人羡慕，问题也随之而来。

"高薪"之下，公司业绩如何实现"高能"突破？"高管"之外，如何最大限度地激发全员战斗力？

正是基于上述考虑，蓝光等上市房地产企业推出股权激励和事业合伙人的组合机制，针对公司业绩和制度激励这一对相辅相成的矛盾体，用机制最大化激励核心员工，促成其从职业心理到职业身份的全面转变，在提质增效的同时，为企业的加速发展赋能。

诱人的"黄金战靴"背后，必须是一盘缜密大棋。

股权激励
从"职业经理人"到"股东"的心理转变

可以这样说，以股权激励为手段，强力提升上市公司高管的工作能效，已成 A 股上市企业的共识。在过去十年中，A 股市场使用股权激励的公司越来越多，从最初的少数几家提升到了如今的 33% 左右。

尤其在资金密集型的房地产行业，股权激励带来的正向拉升，在万科、碧桂园、蓝光等企业已经得到充分验证。

早在 1993 年，具有开拓意识的万科就大胆地第一个"吃螃蟹"，成为中国首家实施股权激励的上市公司。

2015 年 12 月 9 日，上市刚刚半年多的蓝光正式发布公告，公布了限制性股票激励计划首次授予激励对象。

公告显示，此次激励对象为公司董事、高级管理人员，公司及控股子公司的中层管理人员，公司及控股子公司的核心业务（技术）人员，共计 196 人。股票来源为公司向激励对象定向发行公司 A 股普通股股票，共计不超过 2 117.01 万股，其中首次授予 1 954.63 万股，预留授予 162.38 万股。

对于股权激励与公司业绩之间的正向关联，尽管无法完全精准量化，但对于企业发展的提质增效能够起到相当大的积极作用。

更为重要的是，股权激励作为激励体系中的中长期措施，能够积极地促进企业财务经营向好。

这一点，也在蓝光得到了证实。蓝光相关负责人透露，蓝光 2015 年公告的股权激励方案，设定了严格的解锁条件。

公告显示，蓝光首次授予的限制性股票激励计划分三期解锁，解锁条件为 2015—2017 年归属上市公司股东扣除非经常性损益后净利润（以下简称扣非净利润），分别不低于 8.15 亿元、9.5 亿元和 11.7 亿元。

"我们的股权激励是有对赌条件的，如果利润指标没有达成，相应这些高管是没有办法去解锁的。"蓝光相关负责人表示。

据悉，截至 2017 年年底，蓝光三年对赌利润如期达成，相应的股权激励已经全部解锁，正在进行相应的归属工作。通过这样的激励机制，切实向资本市场兑现了蓝光作为一家上市房地产企业的利润承诺，同时也对蓝光的高管和核心员工实施了强有力的激励。

基于 2015 年股权激励方案的如期达成，2018 年 2 月 13 日，蓝光面向 23 名核心高管再度打开了股权激励的通路，授予这 23 名激励对象 11 420 万份股票期权。

这一次蓝光决心更大，释放出来的股票期权占到了蓝光总股本的 6% 左右。与此同时，此次激励设定的业绩目标也极具挑战性，要求 2020 年上市公司扣非净利润不低于 50 亿元。经过合理预测，蓝光为此次股权激励计划设定的业绩考核目标为：2018 年、2019 年、2020 年上市公司扣非净利润，分别不低于 22 亿元、33 亿元、50 亿元。

针对这一股权激励方案及业绩增长目标，可以看出蓝光面向核心高管的激励，核心在于共享企业发展的红利，6% 的绝对占比远超同行业水平。

"这样一帮事业合伙人，完全是以对待自己事业的心态在开展工作。这就是为什么蓝光高管非常稳定，也非常投入，并且迅速转化为公司发展动力的原因所在。"蓝光相关负责人这样评价。

"双享"机制
从"员工"到"合伙人"的角色转变

毫无疑问，在针对企业内部的激励措施中，股权手段作为一种中长期机制，面向高管发挥着积极作用，但它的覆盖面毕竟是非常有限的。即便是 2015 年蓝光面向 196 人实施激励，相较于蓝光的总就业人数仍是极少数。

摆在上市企业面前的问题随之演化为：建立了顶层激励机制之后，如何进一步在更广的层面实现充分激励？

率先有所尝试的是碧桂园和万科。

其中，最广为人知的莫过于 2012 年碧桂园推出的"成就共享"计划。这一计划主要针对管理团队，当项目的现金流和利润指标达到集团要求，就可获得高额的奖金包。2014 年，碧桂园进一步推出"同心共享"计划，采取项目跟投的合伙人模式，管理层强制投资，员工自愿跟投。碧桂园甚至可以为员工提供低息贷款的配资，帮员工用杠杆撬动更大的回报。两个激励计划的效果是显而易见的，也为碧桂园其后的业绩爆发埋下伏笔。

也是在 2014 年，万科正式启动事业合伙人制度。按照郁亮当时的说法，这个制度是万科"苦思一年的结果"。

目前，万科事业合伙人制度分为三个层次：事业合伙、项目跟投和事件合伙。在高层持股的层面，万科通过盈安合伙完成股票持有，按照"不同级别、不同比例"的原则，对万科各级雇员（包括高管层在内）的年终奖金进行了扣除留存，被用于盈安合伙对万科 A 股股权的收购。而在项目跟投方面，从 2014 年 4 月开始，万科要求所有的新获取项目，除旧城改造及部分特殊项目外，都必须配套跟投计划，原则上要求项目的管理团队和城市公司的管理层个人出资和公司共同投资项目，员工初始跟投份额不超过项目峰值的 5%。事件合伙，相当于互联网公司的临时项目组，根据事件临时组织事件合伙人参与工作任务。

两大房地产龙头企业的有效尝试，给业内带来的示范效应巨大，更多的上市企业开始跟进。

蓝光 2017 年发布的"蓝色共享"计划，向碧桂园看齐，实施力度十分坚决。计划显示，"蓝色共享"事业合伙人管理办法将项目经营结果和跟投合伙员工的个人收益直接挂钩，不设本金保障及收益保证机制。

根据办法，"蓝色共享"跟投合伙员工分为强制合伙人和自愿合伙人。强制合伙人范围包括：总部一级职能部门中心总经理级及以上人员，区域公司及城市公司经营班子人员和其他关键人员（包括但不限于营销负责人、工程负责人、设计负责人、成本负责人、财务资金负责人、项目负责人等），以及其他由"共享"领导小组会议确认的需要强制合伙的员工。自愿合伙人范围包括：总部正式员工，区域公司、城市公司及与项目经营直接相关的正式员工。

在额度方面，总部合伙平台和区域合伙平台合计持有的项目公司股权比例不超过 15%，每个跟投合伙项目中的单个跟投合伙员工持有的项目公司股权比例原则上不超过 1.5%，如需超过的须经过"共享"领导小组会议特别批准。

在出资管理方面，强制合伙人和自愿合伙人资金的到位时间原则上在项目确权后三个月内完成。

在"蓝色共享"的基础之上，蓝光接着推出"蓝色创享"计划，其核心在于鼓励区域公司聚焦做厚项目利润，缩短集团自有资金占有周期，将项目的超额利润分成用于全员激励。

"蓝色共享+蓝色创享"，并称为"蓝色双享"。为了向公司全员进行深入宣传，蓝光为此还专门推出了一组有趣的宣传画。

▲ 蓝光"蓝色双享"宣传画

通过"蓝色双享"计划,"一起创造,勇于担当,共同分享"的价值观得以不断强化。蓝光控股集团董事局主席、蓝光发展董事长杨铿将其概括为,把激励机制作为杠杆,撬动大家的自主性和能动性。借助分配机制的变化,把员工的奋斗基因充分激发出来。

"除了激励,还会有一些其他效果的达成,比如说它可能会帮助公司在管理上更有序,每个人在自己的岗位上能够脚踏实地去履责。"蓝光相关负责人如是说。

全面激励
从"股权"到"双享"的制度保障

谈及激励效果，最直观的表现莫过于企业年报中公布的高管年度收入了。而且高管们在 A 股和 H 股的收入表现差异巨大，但从构成上来说，分红激励均是其收入的核心来源。正是在这种充满弹性和巨大空间的制度激励之下，这些高管所带领的企业均在 2017 年交出令人信服的市场答卷。

据了解，2017 年作为蓝光首次股权激励方案的期末，在如期实现业绩条件之后，首批次接受激励方案的人员给出了积极正面的反馈。他们的认同感主要来自三个方面：第一，让员工看到了公司兑付承诺的决心；第二，员工普遍感觉通过自己的努力，确实可以在蓝光的这个平台上获得价值提升；第三，员工普遍对未来有更多的期望。至于"蓝色双享"，作为蓝光结合自身特点推出的激励机制，经过内部的多次论证，跟投最高比例确定为 15%，处于行业最高水平之列。

这种前所未见的激励力度，能够最大化激发管理层和核心骨干的主人翁意识，跟投人从过去的"员工"变成"合伙人"，思维上从过去专注效率的"运营意识"升级为专注利润的"经营意识"，在提质增效方面的效果非常显著。

毫无疑问，从股权激励到"双享"激励，这将是以 2020 年为节点倒推的三个财务年度里，蓝光实现上市公司扣非净利润达到预期目标的制度性保障，更将成为其持续发展的加速利器。

第 6 章　**价值**

一个企业的价值，不只在于规模和利润；一个企业家的价值，也不只在于财富和收入。

　　因为还有更多的评判标准，比如社会责任、家国情怀和品牌形象，还有员工发自内心的认同、回忆和情感。这些加在一起，可能才是企业家精神的全部。

　　蓝光长期热心公益慈善事业，以"但行好事，不问前程"的行动态度，和"慈生我心，善行天下"的公益理念，成为房地产行业中的一股"清流"，也为全社会带来了一抹"暖蓝"。企业创始人先后作为全国政协委员和全国人大代表，为国计民生建言献策，并付诸企业的实际行动。而随着品牌新主张的发布，蓝光以"更懂生活更懂你"表达着对新时代的理解，对人们"美好生活向往"的回应。而一场"欢迎回家"的聚会，让人看到这里有不负芳华的奋斗青春，有共同创造的辉煌历史，更有所有终极奋斗者和阳光正道者心之所向的家园。

　　这是蓝光最大的价值，也是企业家真正的骄傲。

第一节 | 社会责任启示录

▲ 蓝光公益带给社会一抹"暖蓝"

一直以来，房地产企业是各种慈善榜单上占据较高比例的群体之一。

南方周末中国企业社会责任研究中心发布的"2017年中国房地产企业CRS榜单"中，对全国100家房地产企业的社会责任表现进行了全面的数据分析。榜单显示，80%的房地产企业建立了社会责任管理团队，60%的房地产企业都积极地参与社区公益事业，100家样本企业中有43家企业在2016年都进行了慈善捐赠，捐赠总额近30亿元。

作为体现企业社会责任的一种重要方式，投身慈善公益事业是大多数房地产企业的共识。尤以2008年汶川地震作为一个重要的时间节点，不少房地产企业在倾注对灾区人力、物力和财力等援助的同时，纷纷于这一年成立了专门的公益基金会，以更加科学和透明的方式来参与社会公益事业，同时接受社会监督。

有着28年成长历程的蓝光，多年前就提出了"让公益成为企业的义务与责任"。

2008年汶川地震发生后，蓝光第一时间向灾区捐款2 000万元，成为当时第一家向灾区伸出援手的四川企业。伴随着多年乐善好施的公益习惯，蓝光积极探索"产业扶能，教育扶智"的鲜明公益路径，逐渐形成"以产业扶能为基础，以教育扶智为根本"的公益格局，通过自觉自主持续参与社会公益事业、践行社会责任来树立积极正面的企业形象，也越来越受到全国人民的关注。

从简单出于一种善心善行的体现而投身公益，到专人专力主动参与社会公益事业，蓝光到底是怎么想的？在这些做法的背后又收获了什么？蓝光如今的"同心多元化"发展格局，与其长年参与社会公益事业的所思所想又有着怎样的关系？蓝光日渐鲜明的"暖蓝"企业形象给行业又带来了什么启示？

坚持
累计捐款逾3亿元

志愿者们整理着一本本图书，孩子们在纸上用油画棒画出"蓝光BRC"的字样，并涂上他们最喜欢的颜色，一个皮肤黝黑的小男孩在镜头前挥舞着手掌，露出灿烂的笑容……这些温情的画面，记录下来的是自2013年雅安芦山地震后，蓝光援建的凤禾中心校里发生的一些十分平常的事情。这些镜头被剪辑在了蓝光品牌新主张"更懂生活更懂你"的宣传片中。短短十余秒的画面里，蓝光用了简单的几句话来表述这份特别的"懂得"：独立的灵魂不惧责任，当下的快乐穿透记忆，更多的快乐来自给予。

"给予不论多少，只为撑起希望"。2018年7月16日，蓝光公益专员为广汉市的"地中海贫血症"患儿陈博发起了6 000元的第二笔捐助请款，一向监管严苛的流程对公益申请总是出奇顺畅，六级审批很快完成终签，陈博小朋友一个月的医疗费和营养费由此又有了着落。蓝光不知道对这个陌生的孩子的救助会持续多久，唯一确定的就是，陪着他直到康复。

这仅仅是蓝光履行社会责任的一些小小的侧面，但不难看出，"慈生我心，善行天下"的公益理念，已经成为蓝光的一个鲜明的企业形象印迹。翻开蓝光的公益台账，可以看到自20世纪90年代开始，蓝光就对社会公益事业投入了极大的心力，如1995年为成都市金堂县"扶贫工程"投资1 000万元修建金洲商厦，1996年捐资救治"大骨节病"患者，2001年捐资100万元援建甘孜州康定市藏文光彩中学等。

成长于成都的蓝光，在企业发展之初就将社会公益事业作为企业应尽的社会责任。而在长年的坚持中，蓝光形成了以公益助学为核心维度的公益事业参与路径。自2001年开始，蓝光相继在捐资援建学校、帮助贫困学生重返校园、资助乡村教师、关爱留守学生、设立奖（助）学金等方面持续投入人力、物力和财力，并在此过程中不断总结经验，思考从根本上解决贫困地区教育落后状况的办法，提出"产业扶能，教育扶智"，以创新机制双链推动，聚焦内生性脱贫。

蓝光是少数将长期投身社会公益事业写入企业社会责任报告的房地产企业之一。在其2015年的《社会责任报告》中有这样的表述："公司践行节能减排，生态保护，并以25年如一日的热情，积极投身社会公益事业。"

2018年已是蓝光企业创立的第28个年头。28年来，蓝光已累计为各项慈善事业捐款逾3亿元，捐赠药品物资超过4 000万元，援建学校30余所。

蓝光长期助力公益慈善事业，重点关注教育扶贫，为行业树立了公益典范，也凸显着企业成长的一种价值进化。

模式
全国两会上提建议

2018 年，全国人大代表、蓝光控股集团董事局主席杨铿在全国两会上提出了《培养"一技之长"长效脱贫模式——"产业扶能，教育扶智"的建议》的议案。对教育扶贫，蓝光认为要从"重硬件"转而向"重软件"着力，着力于贫困地区教学机制的改革创新，力避教育理念城乡脱节，缩小教育资源城乡差距，真正赋予被帮扶学校发展活力的源泉。

杨铿表示，在产业与教育扶贫中，企业盯市场、政府出政策、合作组织承接技术、贫困户跟随，企业和企业家参与扶贫，可以发挥更大和更好的作用，即运用市场理念，通过创新机制推动产业扶贫和教育扶贫等精准扶贫战略的落地，转变方式方法，变输血为造血，从而达到更好的效果。

为此，在过去长期帮扶四川芦山地震灾区两所援建学校的过程中，蓝光最初仅是捐资 2 000 万元重建校园，而后逐步摸索建立起一种政府、企业、城市名校、被帮扶学校四方联动的"授渔助学模式"，通过政府引导和企业投资等方式，走出了一条留住教育资源、及时更新普及教学计划、持续助力灾区教育的常态化联合办学之路。

2018 年年初，蓝光决定追捐 1 000 万元对芦山援建的两所学校进行升级改造，从软硬件完善、师生关怀、素质教育等方面全面着力，努力将两所学校打造成教育扶贫示范基地，更打造成雅安乃至川西的名校。

在蓝光最近的公益项目——凉山州教育帮扶项目中，更可以看到在长年投身社会公益事业，关注教育扶贫的过程中，公益事业参与方式的巨大变化。在对凉山州的教育帮扶项目方案中，蓝光制订了建立"一村一幼"示范点、开展蓝光"扶智"培训、评选"蓝光最美幼儿教师"、开办"蓝光幼师班"四项具体的行动计划，每一项计划中详细列出了执行的点位、需要投入的资金量、资金的具体用途、需要整合的相关资源等，并且将每一项工作的推进时间节点、工作开展的步骤、负责的部门等一一列出。虽为公益项目，蓝光却同样是用一套科学的项目管理方法和计划书来确保项目顺利实施，足见蓝光为此倾注了巨大的心力。

机制
对标世界 500 强企业

秉执公益初心，蓝光在公益事业的持续参与中逐渐形成了"以产业扶能为基础，以教育扶智为根本"的公益格局。

聚焦精准扶贫、开发式扶贫公益项目的社会公益事业工作主线，蓝光先后成立了助学基金和公益志愿者两大公益实体，形成了相应的助学基金会章程和社会责任捐赠管理操作流程，并优先划拨专项资金支撑每年的社会公益事业和志愿者活动。其中，2010 年成立的蓝光助学基金，成为中国房地产界获得官方认可的助学基金之一。两大公益实体目前已先后牵头组织了许多大爱无疆的公益活动。

但是，即便有助学基金、公益志愿者这样的公益实体，要全程调研、设计和执行像芦山援建学校升建项目、凉山州"一村一幼"教育帮扶项目这样的系统公益工程，相对分散的推动力量和执行团队仍显不够。为能更好启动和执行这样的系统化社会公益项目，在已有的两大公益实体基础上，蓝光于2018年6月专门组建社会责任室，并在助学基金会的协同下，全面牵头和统筹管理蓝光的社会责任工作。

杨铿介绍，为了保障蓝光对公益项目的投入得到准确及时的落地执行，蓝光内部陆续形成和不断强化严格的管理机制。设计公益援助计划，都必须经过整个企业组织的认真分析和研判，配套详细的公益项目遴选报告、推进节奏、费用出处、过程监管、效果评估等实施细则，以此保障公益行为不是喊口号，更不是为公益而公益所做噱头，而是将公益行动真正做成企业对社会的一份真心承诺和一份真实义务。

理想
融入企业发展血液

2018年7月，杨铿在蓝光总部会晤英国某百年名校CEO时，谈到了蓝光对教育事业从公益性质的援助到投身教育产业实践的心路历程。

他说："对于教育，我们最开始是抱持公益理想去积极参与和推动的。但是，公益性质的教育援助，远远不能承载我们对中国教育变革与发展的应有担当，我们希望放大我们的所愿所能，为中国教育的实质性振兴和高质量发展，做出更有实践意义和更具差异化特色的新时代教育样本。"

而这种愿望，直接催生了 2016 年蓝光创立蓝光教育①。

据了解，蓝光教育秉承"打造 0~18 岁精品教育"的办学理念，依托蓝光的优质人居产业，创新探索以幼儿教育为核心业务，以社区教育、K12②、国际学校教育体系为重点业务的业态模式。不难看出，在以"人居蓝光+生命蓝光"为双擎驱动的企业战略顶层设计之下，蓝光将其"人居蓝光"的内涵构成，进行了极大的拓展。

事实上，从关注教育扶贫，到关注儿童的健康成长，再到关注现代家庭亲子关系，蓝光意识到教育扶贫重在"扶智"，即包含了为青少年儿童构建寓教于乐的健康成长环境的文旅项目，以及为提高教育质量、革新教育理念、培养稳定专业的师资而进行多方尝试的蓝光教育业务板块等。

围绕"同心多元化产业生态链"的发展构想，蓝光正积极布局文旅、教育等领域，这无疑表明，从最初的简单参与社会公益事业，到以公益行动中的深度思考来寻找和拓展企业未来的发展价值和方向，蓝光实现了从纯利他式的公益，到带有企业发展运营思维并能产生更大意义和更深远影响的公益参与方式的转变。

---

① 北京蓝光贝爱教育科技有限公司，本书中简称蓝光教育。

② 教育类专用名词（Kindergarten through Twelfth Grade），是学前教育至高中教育的缩写，现在普遍被用来代指基础教育。

一个企业最根本、最核心的社会责任，应该是依法经营、照章纳税、吸纳就业、合法竞争、做好员工福利、确保产品质量、解决好环保问题、服务好自己的客户、满足社会需求、促进社会经济发展、为整个社会创造和增加财富等。在努力做好这些的同时，蓝光一直在积极探索企业社会责任更广泛的内涵外延，努力将企业的发展方向与企业长期关注的教育扶贫、青少年成长等领域进行紧密结合，也逐渐深刻地将社会责任融入企业发展的血液之中。

启示
带给社会一抹"暖蓝"

"做公益是蓝光的自觉选择，是对社会责任的一种主动践行，是饮水思源后的一种自觉回报社会的行为。"杨铿坦言。

蓝光文化里有个业界知名的"勤勉，强我，利他"六字训。蓝光参与的所有公益项目，从组织行为而言，既有快速响应，也有严密评估，但考量的标准，就是能够切切实实"利他"，真正帮助到需要帮助的人。

杨铿说："自觉承担社会组织应有的责任，自觉参与推动社会公益事业的发展，本身就是企业的一种善良选择和一种温情给予。"这种公益自觉，可以说已经成为蓝光的重要文化基因和精神内核，代表了蓝光这么多年发展的价值涵养和积淀，代表了企业及企业创始人的精神喜好和意志主张。

近年来，蓝光在强化自身品牌形象时紧紧围绕"暖蓝"IP，为企业品牌注入了更多丰富的内涵。"暖蓝"关乎生活和生命最切近和最美好的需求，其传递的是一种发乎自然，又源自血液、源自初心的温暖和柔软。"暖蓝"可以说是蓝光品牌新主张"更懂生活更懂你"的一种显化、一种具象、一种倾诉或理解之后的知心关照。一切与温暖相关的感受，都可以在"暖蓝"这里获得。

在社会责任这个层面，蓝光"但行好事，不问前程"的行动态度，和"慈生我心，善行天下"的公益理念，不仅成为整个房地产行业中的一股"清流"，也为全社会带来了一抹"暖蓝"。

第二节 | 献策国计民生

▲ 蓝光控股集团创始人杨铿为灾区孩子送温暖

作为一位民营企业家，蓝光控股集团董事局主席、蓝光发展董事长杨铿，是第十届、第十一届、第十二届全国政协委员，第十三届全国人大代表。

杨铿积极参政议政，为国计民生重大问题建言献策。每次建言献策，都事关国计民生，体现了一个企业家的家国情怀。特别是对环保和扶贫长期的关注，更化为蓝光的企业家精神和持之以恒的实际行动。

2017 年
关注环保和扶贫

蓝光长期以来一直坚持绿色发展战略。2010 年，蓝光就已经成为中国西南地区首家将绿色环保节能战略上升为企业战略的公司，2011 年更是启动了"绿色战略"，将全年定位为"绿色生活年"，全面提倡和践行环保理念。在蓝光房地产业工程建设的施工过程中，大力引用新材料和新施工工艺，以减少噪音，减少污染，节约能源。

2017 年 3 月 2 日，全国政协委员、蓝光控股集团董事局主席杨铿赴京参加全国两会。他带去两个提案：《绿色环境、好空气，更有利于经济发展》《用机制创新推动产业扶贫、教育扶贫等精准扶贫战略落地》。

绿色环保始终是杨铿在全国两会上的关注重点。早在 2014 年的全国两会上，杨铿就已经关注到了雾霾治理的问题，为起草治理雾霾的提案，他专门组织了一个团队进行专项研究。他说："雾霾天气已经成为影响我们每一个人和每一个家庭工作、生活、健康的严重问题。"

杨铿长期关注治理雾霾等环境保护问题，得到了社会各界的广泛认同，国内众多主流媒体也都进行了重点报道。

在 2017 年的《绿色环境、好空气，更有利于经济发展》提案中，杨铿考虑老百姓的生存环境，关注民生，再次紧扣当下民生大敌"雾霾"，提出了自己的治理建议。

他说："雾霾已成为近几年来全国人民最为关注和议论的话题。雾霾不仅严重影响到人民群众的身体健康和生活，更因环境污染严重削弱了城市的可持续发展力，甚至已影响到整个中国的国际形象及国际竞争力。"

"四年来各级政府陆续出台了一系列治理雾霾的法规和措施，但从实际的结果来看，情况比我们预计的更严重，需要我们更进一步加快步伐，重拳治理雾霾。"

当前环保部门的研究显示，造成雾霾的主要原因有工业、燃煤和机动车尾气等。因此，杨铿提出，治理雾霾要抓主要污染源，从源头上出重拳治理雾霾。

建议一：对重污染、高能耗项目的工业用地停止规划，不再供地。

建议二：出台相关政策，提供财政支持，推动主要空气污染源的重化工企业的整改、搬迁，坚决地进行技术改造产业升级，发展循环经济，减少高污染气体排放。

建议三：结合各区域地势、气候及自然资源特点，推进煤炭减量及天然气等清洁能源的替代。而对确需使用燃煤的中小企业进行区域集中、集约化燃煤，同时配置先进的环保处理装置实现达标排放。

建议四：尽快完善机动车尾气排放的专项立法，特别是在雾霾严重的地区要加快制定实施细则，并重点严抓执行和检查。同时，"国五"汽柴油标准实施后，在全国范围内禁止"国三"机动车买卖、过户；在有条件的一二线城市，禁止"国四"机动车买卖、过户。

建议五：各省市尽快完善企业排污治理的专项立法，同时严抓执行和检查，以治理"酒驾"的力度推动企业减排，并制定了严厉的违规处罚机制，重点是对于重污染行业，尤其是围绕重污染行业的上下游相关产业，加大执法检查的力度，加大清洁排放整改力度。

他表示："雾霾治理是一项必须长期持续的工作，保持国民经济健康稳定增长，决不能以牺牲环境为代价。因此，从源头治理雾霾刻不容缓。只有绿色环境、好空气，才更有利于推动经济发展。"

精准扶贫，也是杨铿长期以来关注的问题。

在2017年四川省第十二届人大五次会议上，杨铿就提出，要通过产业扶贫和教育扶贫，激发贫困地区的内生动力，发展致富产业，变输血为造血，创新建立脱贫的长效机制，改变过去简单的直接"资金扶贫"模式是根本方向。杨铿结合自身二十余年践行开发式扶贫经验而提出的观点，得到了在场人大代表及四川省领导的高度认可。

在2017年的全国两会上，杨铿在《用机制创新推动产业扶贫、教育扶贫等精准扶贫战略落地》提案中再次表达了上述观点。

首先，在杨铿看来，要以产业扶贫为基础。政府搭台、企业唱戏，建议各省（市、区）政府牵头成立产业扶贫工作平台，用互联网思维在平台上实现信息共享和沟通对接，实现企业与贫困地区资源的有效整合。

"当前，很多企业和企业家都有参与产业扶贫的意愿和想法，但在扶贫的具体方向和信息上存在瓶颈。如果各级政府能够牵头搭建产业扶贫工作平台，众多企业就有了施展的空间和舞台。产业扶贫平台组织贫困县（村）、扶贫企业、慈善机构、金融机构参与信息共享和沟通对接，确保瞄准帮扶对象。搭建产销对接、银企对接、研企对接的平台，促进企业与农户、金融机构的有效对接，确保贫困地区的实际困难和扶贫企业的产业能够相结合。"

他认为，基础较好、能力较强的企业，可以直接参与定点帮扶贫困村，实行"整村推进"帮扶。条件具备的可以与贫困村进行结对帮扶，开展"村企共建"，实现互利共赢、共同发展。其他同样也有爱心的中小企业，则可以以平台为纽带，以出资参与"众筹"的形式，共同参与扶贫事业。同时要求各级政府建立扶贫工作平台的公开和透明的管理机制。

与此同时，杨铿指出，要以教育扶贫为根本。建议由政府牵头设立教育扶贫基金，吸引企业参与。在此基础上设立基础教育和技能培训两种不同的教育扶贫模式，既保障适龄学生的受教育权利，又切实提升赋闲劳动力尤其是五六十岁的中老年无业人口的基本谋生技能。

"政府以扶贫专项资金牵头设立教育扶贫公益基金，吸引、撬动企业参与，就能够把零散的资金进行集中，并依托政府的资源优势，聚焦于贫困地区教育和基本技能培训事业，更多地以捐赠学校、培训老师、资助上学和基本技能培训等形式，尽力让适龄学生和适龄劳动力能有更多的机会接受教育，接受技能培训。"杨铿具体说道。

他进一步阐释："在保证适龄学生接受教育的同时，增加对贫困地区赋闲劳动力的技能培训教育，比如针对贫困地区五六十岁中老年人，开展清洁、保安、修理、养殖等岗位技能培训，赋予他们基本就业的技能。这是贫困家庭的主要经济来源，也是在精准扶贫过程中，保证贫困地区不再返贫的根本途径。"

此外，杨铿认为，各级政府部门要出台切实的系统优惠政策，引导企业积极参与产业扶贫与教育扶贫。各级政府应统筹协调财政、税收、农业、国土、林业等部门，制定出台具体可实施和可操作的资源配置政策和优惠政策，调动企业参与扶贫开发的积极性。

2018 年
聚焦扶贫和企业家精神

2018 年 3 月，蓝光控股集团董事局主席杨铿首次以全国人大代表的身份参加全国两会。尽管身份转变，但不变的是履职尽责和建言献策的初心。

在这次全国两会上，他提交了《伟大的新时代要弘扬企业家精神更需要优化企业家成长的营商环境》和《培养"一技之长"长效脱贫模式——"产业扶能，教育扶智"》两项建议。

作为四川民营企业家中的优秀代表，杨铿给外界的印象可以概括成八个字：低调，务实，诚信，尽责。其中的"尽责"，不仅体现在企业经营和社会公益等方面，更体现在参政议政上。事实上，过去数年间，杨铿积极走访调研，提交了多份贴近民生和社会关切的政协提案。

这一次，他把目光投向了企业家精神。

根植于中国改革开放沃土上成长起来的企业家精神是现代商业文明、工业文明的产物，也是中国社会经济文化发展的重要现象。在杨铿看来，企业家精神是一种无形又独特的内在要素，中国企业家精神智慧的诞生和集聚标志着中国现代经济、文化、社会的复兴。

"步入新常态，中国经济处在转型升级的关键时期，伟大新时代召唤爱国敬业、遵纪守法、艰苦奋斗的本色，创新发展、专注质量、追求卓越的品质，履行责任、敢于担当、服务社会的情怀。这些都是新时代赋予中国企业家精神的内涵。新时代是奋斗者的时代，需要艰苦奋斗再创业。"对此，杨铿建议，大力弘扬企业家精神应着力于以下几个方面：

弘扬企业家爱国敬业、遵纪守法、艰苦奋斗的精神。通过市场化和法治建设营造企业家精神的土壤。引导企业家树立崇高理想信念，加强对企业家特别是年轻一代民营企业家的理想信念教育和社会主义核心价值观教育，引导企业家正确处理国家利益、企业利益、员工利益和个人利益的关系，把个人理想融入民族复兴的伟大实践。

健全企业家诚信经营激励约束机制。鼓励企业家保持艰苦奋斗创业精神风貌。激励企业家自强不息和勤俭节约，反对享乐主义，力戒奢靡之风，保持健康向上的生活情趣。企业发展遇到困难，要坚定信心，迎接挑战，奋发图强。企业经营成功，要居安思危，不忘初心，谦虚谨慎。树立"不进则退，慢进亦退"的竞争意识。

（1）建议强化企业家法治化精神和底线思维。做任何事要有法治思维和底线思维精神，这也是企业家精神的前提。企业要有道德底线，要有法律底线，坚守契约精神。

（2）建议进一步强化企业家信用宣传，实施企业诚信承诺制度。利用全国信用信息共享平台和国家企业信用信息公示系统，整合各职能部门信息，建立企业家个人信用记录和诚信档案，实行守信联合激励和失信联合惩戒。

弘扬企业家"创新发展，专注品质，追求卓越"的精神。其中包括：

（1）专业精神，匠人匠心。激发企业家创新活力和创造潜能，持续推进产品创新、技术创新、商业模式创新、管理创新、制度创新。提升企业家科学素养，发挥企业家在推动科技成果转化中的重要作用。

（2）引导企业家弘扬工匠精神。建立健全质量激励制度，强化企业家"以质取胜"的战略意识，鼓励企业家专注专长领域，加强企业质量管理，立志于"百年老店"持久经营与传承，把产品和服务做精做细，以工匠精神保证质量、效用和信誉，深入开展质量提升行动。

（3）支持企业家追求卓越。学习能力与创新精神是追求卓越的企业家所必备的素养，优秀的企业一定是一个学习型的组织。同时，企业家要具有冒险精神。弘扬敢闯敢试、敢为天下先、敢于承担风险的精神，支持企业家敏锐捕捉市场机遇，不断开拓进取、拼搏奋进，争创一流企业、一流管理、一流产品、一流服务和一流企业文化，提供人无我有、人有我优、人优我特、人特我新的具有竞争力的产品和服务，培育发展壮大更多具有国际影响力的领军企业。

另外，杨铿强调要弘扬企业家履行责任、敢于担当、服务社会的精神。企业家精神要有公益精神，要有利他精神。引导企业家主动履行社会责任。增强企业家履行社会责任的荣誉感和使命感，引导和支持企业家奉献爱心，参与慈善事业，承担社会责任。

倡导企业在市场中不断满足新时代人民对品质生活的持续要求，给客户更多价值感、幸福感与获得感。

尊重人才与培养人才。一切科技进步与创新都离不开人才。企业家精神一定是尊重人才，善于培养人才的。同时，企业家要善于把坚韧与信念传递给更多从业者、价值创造者。企业家是推动创业与创新的主要力量，企业家精神要着眼于为社会创造新财富的能力，建立健全企业家的法治化精神、创业精神、学习与创新精神、冒险精神、荣誉与责任、人才培养和宽容、坚韧与信念、市场化理念、专业精神与匠人精神等，其核心是永不停息的奋斗精神。

引人注意的是，在2018年全国两会上，杨铿提出了"产业扶能，教育扶智"的扶贫模式和理念。

根据"十三五"规划纲要部署，"十三五"期间，中国3 000万以上农村贫困人口将通过产业扶持脱贫。产业扶贫已经成为深化扶贫攻坚的重要载体和地方造血脱贫的根本之策。

在杨铿的掌舵下，蓝光集团一直用实际行动践行"慈生我心，善行天下"的企业精神，累计为慈善事业捐款逾3亿元。尤其是在青少年教育和开发式扶贫方面，蓝光以助学基金和公益志愿者两大公益实体为主要支撑，设置了一系列长期、固定的公益内容，以此提升和改善贫困地区的教育水平。

杨铿说："我们坚信教育兴国，知识改变命运。蓝光的目标就是要让公益成为一种义务与责任，成为蓝光过程中不可或缺的重要价值观。"

他在调研中发现，在精准扶贫取得成效同时，一些地方也出现诸如农民主动性不强、产业发展与当地资源耦合度低、产品同质化、市场优势不足、贫困户参与度低、资金缺口大等问题。经过一段时间的调研与思考，杨铿围绕长效脱贫模式带来了"产业扶能，教育扶智"的相关建议。

首先，产业扶贫重在"扶能"，教育扶贫重在"扶智"，双手共抓同促，实现"内生脱贫"模式。其中教育扶贫除了给适龄学生学历教育的扶助，重点是下足功夫培训大批一技在手的职业技师。从专业技术培训上细分出多个产业方向：

（1）在劳动力密集的地方，兴办高标准家政培训学校。

（2）在旅游资源丰富的地方，开展特色厨艺、传统美食技艺、精致手工艺、园艺培训，以"提技精艺"做口碑。

（3）在农业条件好的地方，发展特色动、植物养殖，重点培养竹编、盆栽、插花、炒茶等传统特色技术人员。

（4）"一技养全家，一技长脱贫。"培训与消费升级同步的一技之长，一群手艺人带动一方活力，助力实现美丽中国的长效脱贫。

其次，教育扶贫要从"重硬件"转而向"重软件"着力。着力于贫困地区教学机制创新，缩小教育城乡差距，是赋予被扶学校以活力的源泉。

一方面是切实提高贫困地区教师待遇，另一方面是创新城乡教育资源输送机制。

（1）建议建立"山乡教师脱贫专项奖励""留守儿童关爱行动""贫困学生教育兜底"等长效机制。

（2）切实有效地将城市优质教育资源定向输出。可以建立政府、企业、城市名校、被帮扶学校四方联动，通过政府引导、企业投资、扶持学校提供智力支持（由城市名校做优质教育资源辐射，城乡课程共享，师资管理常态化输出）、村校（被扶持学校）管理运行的方式，走真正留得住教育资源、及时更新普及教学计划的常态化联合办学之路。

（3）大力发展与产业扶贫方向相结合的职业教育技能培训。

杨铿强调，在产业与教育扶贫中，企业盯市场，政府出政策，合作组织承接技术，贫困户跟随，三产融合创新业态。

在构建由"企业+合作组织+农户"组成的开放性产业扶贫平台中，企业对市场需求把握更准，大户、农民更接地气，由他们决定发展什么产业、生产什么样的产品更能解决贫困户参与性与积极性的问题。同时，想在市场中走出一条差异化之路，要拓宽农、工、商三产做跨界、做融合，要做深精加工和衍生品。

政府着力点："金融+保险+财税政策"，构建扶贫类经营模式的产业链扶植闭环。建议政府大力发展扶贫小额贷款，积极推进大众农产品产量保险、收入保险、气象指数保险、价格指数保险等各类产品的多方信贷风险分担补偿机制，填补产业扶贫保险缺位问题。

同时，为了激发更多企业和企业家切实参与到产业扶贫的行列里，可以考虑出台以扶贫公司为主体的财税专项政策。鼓励发展以带动贫困地区、贫困人口脱贫，为提升社会效益的相关实体经济，出台一系列企业税费减免，优先安排农业产业化资金，优先享受产业扶持政策等相关政策。

"精准扶贫，消除贫困，改善民生，实现共同富裕，这既是党和政府的使命，也是我们每一个企业和企业家的社会责任。"在杨铿看来，通过创新机制推动产业扶贫和教育扶贫等精准扶贫战略的落地，转变方式方法，变输血为造血，实现贫困地区的内生性发展才是切实推动全国扶贫工作目标全面达成的有效途径。

第三节 | 品牌新主张的理由

▲ 2018 年 6 月 22 日，蓝光发布品牌新主张

2018 年 6 月 22 日，蓝光发布品牌新主张：更懂生活更懂你。

在这个品牌新主张的商业电视广告中，它的文案温暖美好，打动人心。

此时此刻
超过 75 亿人在这个星球上生活

我们如此不同
但我懂
我们抵抗的，是相同的东西
触手可及的错过
无力挣脱的困顿
如影随形的焦灼

懂你渴望安宁
一个无可替代的家
爱是时间的自然流淌
不必说出的懂得
它宽阔
装得下四季明月与一窗闲云
它很小
可叠放起来，存入内心
它聪明，沉静
帮你我拿回岁月偷走的时间

它温暖，友善
让曾经四海为家的人不想远行

懂你渴望无限可能
生命在阳光下舒展
始终拥有尊严
希望在天地间点滴成型
一棵树的未来清晰可见
看见奇迹

懂你渴望快乐
一场触及心灵的特殊娱乐
没有边界的教室
成年人扔掉盔甲
重新做个孩子

一次次相逢，更像重逢
一次次重逢，不留遗憾
独立的灵魂不惧责任
当下的快乐穿透记忆
更多的快乐来自给予

懂你渴望的
是生命的密度
情感的浓度

世间万物心有灵犀
去征服大海和高山
也被它们征服

用创造未来的方式迎来未来
用投入此刻的忘我致敬此生
面对世界
情不知所起

此时此刻
超过 75 亿人在这个星球上生活
我们如此不同

但我懂
我们想要的
是相同的东西

蓝光
更懂生活更懂你

　　蓝光，专注于人类生活的核心需求，提供从生活到生命的创新解决方案，为大众创造幸福生活。蓝光的品牌新主张，高度凝聚和彰显了企业的这一宗旨与使命。

　　问题是，蓝光凭什么说"更懂生活更懂你"？

　　一个人懂另一个人，源于时间的积累，彼此的情义，相似的境遇，推己及人的同理心，以及愿为其分担的爱与慈悲。蓝光说，"更懂生活更懂你"，也是出于相同的理由。

因为来自成都，更懂生活——

成都，一座张弛有度、兼容并蓄、古老而年轻的城市。生活在这里的人们，似乎掌握着用力工作和幸福生活的秘密。蓝光蓬勃生长于成都，同样是这个秘密的拥有者。

因为在奋斗路上，肝胆相照——

一直以来，蓝光不知疲倦地翻山越岭，开疆拓土，从成都走向全国，为了人们的理想生活而奋斗。蓝光深知奋斗者的冷暖，懂得奋斗者的苦乐，明白他们需要什么，为何拼搏。

因为专业眼光，洞悉需求——

蓝光热爱生活，理解大众。热爱让蓝光以不带偏见的双眼，凝视世界和人类，看到、思索、懂得人们的所思所想。产业结构的升级，让蓝光贴合人类生活的核心需求，提供越来越丰富的产品与服务。

的确，这份"懂"是蓝光的初衷与愿望、动力与能量。在这个过程中，蓝光生长出特有的"暖蓝"基因和气质。他拥抱生活，谦逊自律，尊重差异。他追求人类共有的生活理想，初心与愿景从未偏离。他为人们的美好生活需要而生，内在驱动与实践高度统一，并获得了源源不断的愉悦与生命力。

于是，"暖蓝"可以响亮地说出他内心的声音：更懂生活更懂你。

懂你渴望安宁
一个无可替代的家

　　蓝光懂得家对社会与个体的重要性。家不仅仅是一栋建筑和其中的陈设，它更寄托着居住者的情感与生活理想。家和万事兴，蓝光潜心为大众创造更和谐、更舒适的居所与生活方式。蓝光地产金融集团以"聚焦高价值区域投资，聚焦改善型住宅产品"为战略指引，成功推出"雍锦系""公园系（现为林肯系）""长岛系""芙蓉系""黑钻系"等屡获殊荣的改善型产品。一系列带有蓝光基因的改善型居所正在全国各大区域50多个城市，为100多万业主构筑美好的生活场景。

懂你渴望快乐
一场触及心灵的美好娱乐

　　蓝光懂得儿童与家庭的核心需求，因此创造了国内文旅原创IP。文旅"新物种"致力于促进少儿成长和增进家庭和谐，为城市价值提升和文化配套升级打开了全新的思路。

懂你渴望无限可能
生命在阳光下舒展

从大众需求出发，蓝光向未来伸出探索的触角，在创新型产业领域持续发力。"3D 生物打印"在蓝光的战略布局中，被提升到前所未有的高度，标志着蓝光在谋求"多元并进，创新发展"的过程中走在了前列。2015 年 10 月，全球首创"3D 生物血管打印机"成功问世。2016 年年底，全球首创依托干细胞生物墨汁技术构建的"3D 生物打印血管"动物在体实验成功。2018 年，蓝光推动美国 FDA 审批"3D 生物打印血管"临床试验。蓝光，致力于以自主研发的核心引领技术推动"3D 生物打印"全球应用。

他聪明，沉静
帮你我拿回岁月偷走的时间
他温暖，友善
让曾经四海为家的人不想远行

蓝光，坚定推行"现代服务业+互联网+资本市场"的战略发展方向，致力于让服务更简单，让用户更幸福。

蓝光，为城市区域提升价值而来，历经了从第一代到第四代的商业地产产品打造运营过程，涵盖商业地产全线形态。

蓝光，秉承"品于心，匠于行，做品质产品的践行者"的发展理念，促进人与自然的和谐共生，提升大众居住品质。

蓝光，全力打造全学龄高品质教育体系，完成社区适龄人群教育资源全覆盖。

蓝光，专注于互联网科技领域，为传统企业提供互联网平台解决方案。

蓝光，在"同心多元化产业生态链"的战略布局下拓展产业发展。

独立的灵魂不惧责任
当下的快乐穿透记忆
更多的快乐来自给予

蓝光，更懂生活更懂你，也更懂与生俱来的社会责任。

多年来，蓝光奉行"慈生我心，善行天下"的公益理念，"以产业扶能为基础，以教育扶智为根本"。成立了助学基金和公益志愿者两大公益实体。其中，"蓝光助学基金"是中国房地产界最早获得官方认可的助学基金之一。截至目前，蓝光已累计为各项慈善事业捐款逾 3 亿元，捐赠药品物资价值超过 4 000 万元，捐建学校 30 余所。

世间万物心有灵犀
我们去征服大海和高山
也被它们征服

因为"更懂生活更懂你"，蓝光取得引人瞩目的快速发展。

2018 年，蓝光荣获"中国房地产百强企业（综合实力）"，位列第 22 名；荣获"中国百强房企成长性 TOP10"，位列第 3 名。[1]

2016—2018 年，蓝光连续 3 年荣获"中国房地产公司品牌价值 TOP10（混合所有）"，2018 年位列第 6 名，品牌价值 155.07 亿元。[2]

2018 年，蓝光在"中国房企百强峰会"上，荣获"中国房企品牌价值二十强"，位列第 12 名。[3]

2015—2018 年，蓝光连续 4 年荣获"中国十大最具投资价值上市房企"，2018 年位列第 4 名。[4]

2018 年，蓝光在"博鳌房地产论坛"上，荣获"中国社会责任特别大奖"。

---

[1]　数据来源：中国指数研究院。
[2]　数据来源：中国指数研究院。
[3]　数据来源：亿翰智库。
[4]　数据来源：中国指数研究院。

用创造未来的方式迎接未来
用投入此刻的忘我致敬此生

世界在生长，时代在变化，蓝光的"懂"不会静止不变。他不断拓宽视界，打开更广阔的想象空间，跟随无数人对未来的创想，用打破常规的勇敢与融入智慧的实干，描绘着美好蓝图。

一次次相逢，更像重逢
一次次重逢，不留遗憾

蓝光相信，这幅蓝图会变成现实，会分解成打动人心的热与光，触及每个人具体的生活，带去他们期待的安稳与幸福。

蓝光，更懂生活更懂你。

第四节 | 回蓝光，致青春

▲ 蓝光——奋斗终生的家园

如果说成都是一座充满活力的"新移民"城市，那么蓝光就是一家充满着"新动力"和洋溢着"新气象"的"新移民"公司。

早上八九点，只要在可以容纳千辆汽车停放的蓝光总部车场大院里站几分钟，你就会发现大量京、津、沪、粤、浙、皖、渝等不同城市车牌的私家车，陆续停泊在须根垂髫的小叶榕树与灿若红霞的羊蹄甲树环抱的车场大院里。

2018年2月6日的下午下班时分。细如牛毛的蓉城春雨轻轻地下着，平日停车场上巨大的显示屏一改往日循环播放的"客户满意是我们的第一目标，尊重和关心员工个人利益"的核心价值观，而定格在四个大字上：欢迎回家。

这是个特别的日子？

是的。

曾经的蓝光人归来

当新春的脚步临近，归心似箭的心情开始萌动。

每年新春，蓝光工会都会把慰问信和慰问金当面送到离退休老员工手上，并且邀请部分老员工作为代表参加公司年会，请他们回蓝光看看公司发展的近况。

这天是曾经在蓝光工作的离职与退休员工回家探亲的日子，即一年一度的"蓝光离退休老员工新春年会"。

这是一场暖意融融、温馨美好的再相聚，如一组怀旧诗篇伴着这场润物无声的细雨悄然而至，回味绵长……

在"奋斗青春，不负芳华；辉煌历史，共同创造"背景墙前拍照留念的前蓝光人，既有华发满头的古稀老人，也有健壮的中年长者。

久别重逢，芳华重温。

现任负责着装规范管理的资深员工，围坐在当年招他进蓝光的前辈身边，嘘寒问暖，还道出了一段令他记忆犹新的"当年忘戴工牌被登记"的故事……

一位记忆力很好的老员工一眼便认出，有位华发归来的老者正是同事的父亲，原来两代人相继服务蓝光……

蓝光"老兵"忆创业

带着上海口音的陈乃鸿老先生虽说步履缓缓，却是头脑清晰，而且记忆力很好。

已进入耄耋之年的他，显然为这场盛会精心准备过。图文并茂的演讲稿，把时光带回到 1990 年。

那时的蓝光还叫作"兰光"，从汽配领域开始创业。杨铿那时就带着梦想，将其当作一份事业去做而不仅是当作一桩赚钱的生意来对待。所以在创业之初，蓝光就重视技术创新，经常申请到国家发明专利。

演讲稿中，这些"在生产车间一线严控产品质量"和"向访客介绍产品"的珍贵照片，以及随后转身商业综合体开发的首个项目"蓝光大厦"的照片一一呈现出来时，令后来者的耳边不禁响起那句耳熟能详的《蓝光人》歌词："创业路，劈波斩浪；前程远，山高水长……"

　　陈乃鸿老先生起初的工作是做汽配技术革新，后来他担任了房地产业务版块的报建总监。他和另一位年长者，前审计总监王甸春老先生，你一言我一语，凑齐了一段20世纪90年代蓝光早期商业地产的脉络。那时的蓝光，因为熟悉并深深懂得成都人的生活、工作和娱乐习惯，所以位于老城区核心道路上的商业综合体建一个火一个，也带动了周边，形成了更加火热的商业氛围和人气。

"鄢妈妈"的自豪

　　在长者中有一位头戴棒球帽、乐呵呵的老人家，她叫鄢邦弟，杨铿一见到她，就喊她"鄢妈妈"。

　　据说当年蓝光因为推进职业化，所以在工作场合不提倡用"哥""姐"等称呼，唯有这"鄢妈妈"的称呼一直被叫到今天。

　　2018年，鄢邦弟72岁。她记得很清楚，1995年1月，49岁的自己正式被蓝光招聘到财务中心上班，直到55岁退休。虽然自己年龄大一点，但心态年轻，喜欢和年轻人一起充满活力地工作。

　　她对蓝光是这样评价的：一是规范；二是明确的目标一定要实现；三是工作很累，很辛苦，但是大家感情深，心情好；四是老板信誉好，从不亏待大家。

　　她回忆道："那个时候，公司有300多人，相继建设了电子市场、旧货市场（二手商品交易城项目）、玉林路生活广场。大家忙的时候就一起忙，放松的时候就一起开心。中午休息时杨总常爱和我们讲笑话，他记性好，每个人的年龄他都记得。有一回我问他你晓得我属什么？他说当然晓得，你属狗。他反问我，你晓得我属什么？你，你属耗儿（四川方言，指老鼠）……大家都笑了。他还说，你们财务人的名字都取得好。李康兰，帮助我们蓝光更加健康发展。鄢邦弟，就是专门来帮助我这个弟弟的……"

"鄢妈妈"后来因为眼睛得了"飞蝇症"，就正式退休。她说退休已经有 17 年了，虽然不能亲自给公司出力，但心里给力，只要是听到蓝光取得了成绩，就骄傲和自豪得不得了："我们的项目越做越多，从本土走向全国，四川老百姓都说我们是本土最大的房企。"

和社会主流价值观高度契合

2000 年的冬天，一个川籍年轻人从上海回到故乡工作，他进入了早在上海工作时就听说管理严格、文化正气的蓝光，从事了 15 年的办公室企业文化工作。

今天我们所看到的《蓝光报》，就是从他工作时创刊的。他叫何光武，一个名字里有光、心中追光的蓝光人。

他记得初入蓝光时，一个冬天的夜晚，杨铿带领大家开会讨论项目。成都的冬天室内比室外冷，可是为项目而激情争论的同事们却充满了朝气。讨论会过了晚上 11 点才结束，每个人都还没有吃晚饭，负责做会议记录的何老师又忙着从肯德基买了汉堡回来给大家充饥。杨铿又和大家一起吃着、说着、笑着……

"勤勉，进取，爱心，正义"是这位 2000 年后入职的蓝光企业文化工作者对蓝光最深的印象。何光武说他刚来时，办公室叫投资发展中心，除了行政管理等工作，还要负责找资源。

他回忆道："有一阵缺资源，大家都骑着自行车跑到很远很远的地方，遇上围墙圈起的空地就找上门，问人家土地出让不，合作开发不？自从有了'招拍挂'，蓝光拿下了成都的'阳光第一拍'，从此在'招拍挂'市场就开始持续获取资源了。蓝光从不做小动作，不偷税漏税，很早就开始进行扶弱扶贫，包括捐建了几十所'希望工程'的学校。"

很多老员工都清晰地记得，汶川地震的当晚，杨铿把员工和家属都喊到公司去，因为那里建筑密度低，大院的停车场上可以住，车上还可以搭帐篷。

汶川地震当天，杨铿就立即把几个高管叫去，果断决定捐款 1 000 万元。熟知当年蓝光经营状况的老蓝光人都知道，那时蓝光的经营规模还不大，利润也很薄。

而汶川地震后，成都房市进入了持续低谷期，蓝光也经历了一段相当艰难的岁月。即便这样，"企业文化的正气感，让人时刻感觉到与所倡导的社会主流价值观高度吻合。"老蓝光人如是说。

是熔炉，是学校，蓝光标准一直相随

在晚宴现场，有几桌少壮派扎堆，交流的是仍在职场生涯奋斗的心得。

他们是蓝光的离职人员，其中很多人被授予过"功勋员工"的荣誉。他们中有的人开始自我创业，有的人正就职于其他公司。

曾在蓝光就任过高层管理者的几位前蓝光人，不约而同地表达了一个观点：蓝光的工作经历如同一所学校、一个熔炉，提升了能力，磨炼了品质，养成了习惯，确立了标准。

在蓝光锻造过的从业者对客户满意和员工满意的"双满意"核心价值观有着根深蒂固的全方位认识。对基础管理和规范化有着天然的高标准。

张志成，蓝光前总裁。身虽离开蓝光，但心不曾离开。他说："蓝光照我去奋斗！蓝光的基因早已融进了我的生命里。"

王跃宏，曾经是蓝光"阳光第一拍"的亲历者。他说："堂堂正正走自己的路——阳光正道！在'招拍挂'市场凭能力拼杀——所向披靡！"

这就不难理解，时任产品首席策划师的张本林为什么会自豪地说："那时候，我们蓝光的产品类型非常丰富，本土市场占有率第一。在成都东大街的项目不超过 500 米就可以看到一个。不信？不信你现在晚上出门数数，看看有多少个'蓝光 BRC'的楼盘霓虹灯在成都的大街小巷闪耀？"

"我们虽然离开了蓝光，但长期在蓝光养成的职业素养标准一直跟随着我们。"

"蓝光毫无疑问是本土最优秀的房企，没有之一。"

"蓝光的基因强大，走到哪里也很难去掉。"

谈到蓝光文化的开放和包容，一位 1999 年入职，在蓝光工作了十余年的前高管讲了一个小故事。

那时候，蓝光就有一些来自全国不同地域的员工，企业文化包容性强，不排外是蓝光一直以来的工作氛围。2003 年，蓝光总部启用新址，硬件与一流接轨后，在软环境上也需要提升。蓝光从那年开始倡导工作场合使用普通话。一开始，很多人因为讲的是"川普"，很影响表达，很不习惯。然而时至今日，蓝光随处可见的"请使用普通话"的提示牌，为今日蓝光海纳百川的大融合，扫清了交流上的方言藩篱。

今天在蓝光，我们可以看到来自全国各地的人。他们的城市，有的相距遥远，而他们，却能在蓝光这个平台相遇交集。

围桌而坐，共勉芳华岁月

这晚的聚会，酒喝尽，人不散。

起初，大家分坐在几桌，当见到杨铿后，都纷纷搬动椅子聚拢过去，围坐在他身边形成一个大大的圆圈。恍然间，又好像回到当年围桌而坐，开会谈工作的状态。

在宴会上，杨铿几次特意向几位年迈的老者敬酒。他们中有当年的驾驶员罗宣成先生，有从蓝光成立之初就来做印信管理工作的胡孝珍女士。

杨铿动情地说:"我们的老蓝光人虽然岗位平凡,却都是公司的有功之臣。"

杨铿一边给老蓝光人敬酒,一边给身边的新蓝光人如数家珍地介绍:"胡老师在蓝光做了 9 年的基础管理工作。她在 65 岁时退休,退休之前还特意培养了一个接班人,一个同样严谨细致的徒弟接替了她这份看似平凡但责任重大的工作。"

杨铿口中的这位胡孝珍老师的徒弟,自接受这份工作以来,一直井井有条地践行着那些一丝不苟的操作规则。杨铿说这是当年胡孝珍老师的严格认真,才给蓝光后来此项工作打下了扎实的管理基础。

席间,有人动情地欢笑,有人动情地流泪,仿佛看到一代人共同经历的芳华岁月有如昨日重现。

正如杨铿所言,只要曾在蓝光奋斗过,就已植入了蓝色基因。

这一生,不可能只在一个城市、一个平台工作过,凡能够成就自身事业的城市就是家乡。

因此,无论你是谁,现在身处何方,蓝光都是所有终极奋斗者和阳光正道者心之所向的家园。

曾经或正在,甚至将要在蓝光工作的人,欢迎回家。